ÉTUDE

SUR

L'AMÉLIORATION PROGRESSIVE

DE LA

CONDITION DES FEMMES

EN DROIT ROMAIN ET EN DROIT FRANÇAIS

THÈSE POUR LE DOCTORAT

SOUTENUE A LA FACULTÉ DE GRENOBLE

Le 11 août 1860, à 2 heures et demie du soir

PAR A. GRINDON

AVOCAT A LA COUR IMPÉRIALE DE LYON

Veteres voluerunt feminas etiam si perfecte ætatis sint, propter animi levitatem in tutela esse. (GAÏ., c. 1, § 144.)

La Femme est la Vesta du foyer domestique; quand elle en est absente, on sent que la maison manque de sa divinité.

(M. TROPLONG, *Contr. de mar.*, préf.)

LYON

GIRARD ET JOSSERAND, IMPRIMEURS-LIBRAIRES

Rue Saint-Dominique, 13

1860

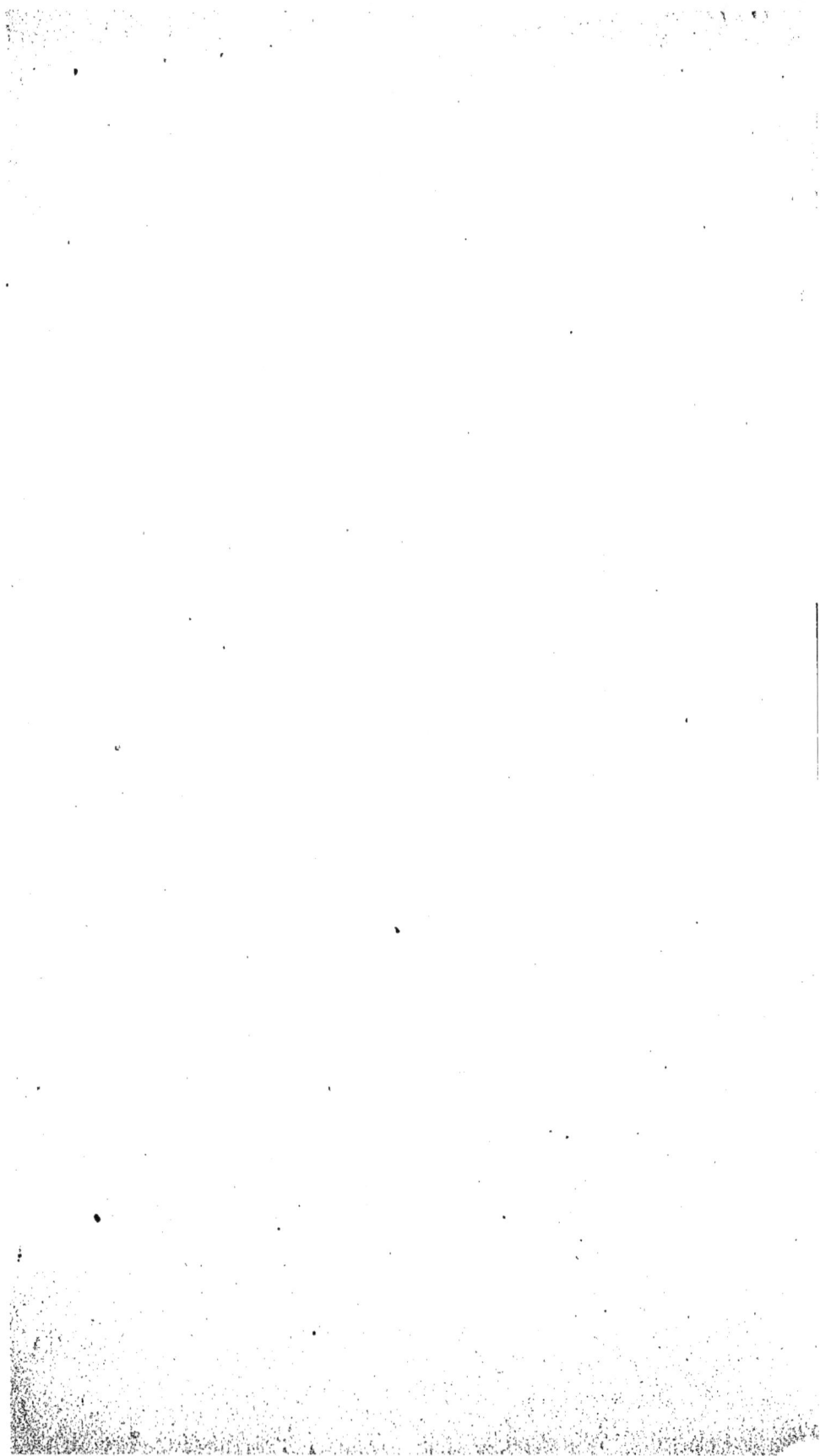

ÉTUDE

SUR L'AMÉLIORATION PROGRESSIVE

DE LA

CONDITION DES FEMMES

EN DROIT ROMAIN ET EN DROIT FRANÇAIS

———

ERRATUM.

Page 176, question V, *au lieu de :* l'emploi des paraphernaux, *lise: :* l'emploi des fruits des paraphernaux.

C.

ÉTUDE

SUR L'AMÉLIORATION PROGRESSIVE

DE LA

CONDITION DES FEMMES

EN DROIT ROMAIN ET EN DROIT FRANÇAIS

THÈSE POUR LE DOCTORAT

SOUTENUE A LA FACULTÉ DE GRENOBLE

Le 11 août 1860, à 2 heures et demie du soir

PAR A. GRINDON

AVOCAT A LA COUR IMPÉRIALE DE LYON

Veteres voluerunt feminas etiam si perfectæ ætatis sint, propter animi levitatem in tutela esse. (Gai., c. 1, § 144.)

La Femme est la Vesta du foyer domestique ; quand elle en est absente, on sent que la maison manque de sa divinité.

(M. Troplong, *Contr. de mar.*, préf.)

LYON

GIRARD ET JOSSERAND, IMPRIMEURS-LIBRAIRES

Rue Saint-Dominique, 3

1860

INTRODUCTION.

La condition des femmes a été plus d'une fois l'objet d'études spéciales et approfondies; ce n'est donc pas un sujet neuf. Si nous nous sommes hasardé à l'aborder de nouveau, c'est qu'il n'est point aisé de trouver aujourd'hui des matières intéressantes et vraiment inédites à exploiter, et que d'autre part il nous a semblé que cette étude de la condition des femmes, si pleine d'intérêt à tous égards en elle-même, pouvait devenir d'une sérieuse utilité à l'application pratique du droit actuel, si elle était dirigée dans un certain sens. Nous avons tenté l'entreprise sans espérer une réussite complète; nous nous efforcerons, les documents juridiques à la main, de déterminer les phases diverses par lesquelles a passé l'état social de la Femme, depuis l'origine de Rome jusqu'au droit

1

justinianéen, et depuis l'invasion des Barbares dans
la Gaule au v⁰ siècle jusqu'à nos jours. Nous tâcherons d'en apprécier le caractère et les résultats, et
d'en mettre en lumière la suite et l'enchaînement en
harmonie avec la loi du progrès. Ce cadre est vaste,
et nous ne croyons pas qu'il ait été rempli jusqu'ici.
Les monographies destinées à l'étude de ce sujet si
important, si curieux à approfondir, sont restées jusqu'à ce jour en petit nombre, et n'ont en général
envisagé qu'un point, qu'une face de l'état légal de
la Femme, de son *status,* pour nous servir de l'expression romaine, plus spéciale, plus appropriée que
la nôtre aux distinctions légales. La plus complète
d'entre ces œuvres est celle de M. Laboulaye (1), et
encore, suivant le programme qu'il avait à remplir,
ne devait-il s'occuper que des droits de succession
compétant aux femmes. Or ce n'est là qu'un des éléments de la condition de la Femme, et, pour en
être un des plus importants, il est loin d'en compléter
le tableau.

Nous croyons qu'on peut faire davantage : étudier
les principes qui dominent le *droit strict* de Rome et
y régissent l'état de la Femme; examiner si ces
principes se modifient sous l'influence prétorienne
et la législation des empereurs, ou si au contraire il
n'y a que leurs résultats, que leur application de
changés; préciser le caractère du progrès, de l'amélioration qui s'effectuent dans la condition de la

(1) Ed. Laboulaye, *Recherches sur la condition civile et politique des
femmes.* Paris, 1843.

Femme romaine, et en étudier le dernier terme dans la législation de Justinien ; rechercher quelle est dans les Gaules la position de la Femme barbare, gauloise et germaine, et montrer comment de la fusion de ces conditions régies par des principes opposés s'est formée, successivement modifiée par l'influence du christianisme et le progrès des siècles, la condition actuelle de la Femme moderne ; tel doit être l'ensemble de ce travail, qui, fait comme il devrait l'être, avec ses développements nécessaires, devrait avoir le résultat pratique d'asseoir sur des bases certaines la solution de la plupart des questions qui intéressent les femmes. Nous ne sentons pas nos forces assez grandes pour prétendre à ce beau résultat ; d'ailleurs, ainsi conçu et exécuté d'une manière complète, ce travail serait immense, et les limites restreintes qui nous sont imposées ne le comporteraient pas. Nous éliminerons donc toute discussion sur des points de droit spéciaux, qui presque tous, du reste, ont été l'objet d'études spéciales aussi ; négligeant les détails que nous ne saurions approfondir, nous tâcherons de tracer à grands traits l'esquisse du tableau, et si, en insistant sur les conséquences morales de chacune des évolutions du droit, nous paraissons ne faire parfois de l'étude juridique qu'un moyen à l'étude philosophique, c'est qu'il nous semble qu'en définitive toute science, et plus que toute autre la science des lois, doit, pour être utile, conduire à la découverte du vrai, du bien moral.

Lorsqu'on se demande comment la Femme était comprise et posée dans la société chez les Romains, ce peuple supérieur entre les nations de l'antiquité, qui joignit aux raffinements de la Grèce artiste une si particulière et si puissante organisation de la famille, on comprend que Rome, qui avait fondé sa grandeur sur la cité, et fondé la cité sur la grandeur de la famille, dut honorer la Femme, qui en est la base, l'instrument nécessaire, plus que ne l'avaient fait les sociétés précédentes, dont l'existence ne reposait pas tout entière sur le principe de l'agrégation personnelle. On y trouve donc honorée d'un certain culte extérieur, revêtue d'une libre égalité dans la forme, cette Femme par qui se perpétuent les éléments de la cité, tandis qu'au fond elle disparaît annihilée sous l'absolue puissance du *pater-familias*, et n'est jamais que la chose de son père, la fille de son époux, la perpétuelle pupille des siens. Et si Rome rend hommage aux vertus de Lucrèce et de la mère des Gracques, c'est que ces vertus tournent au profit et à la gloire de la famille, cette création juridique et abstraite qui enfante le citoyen; si elle encourage et protége la Femme honnête, c'est pour assurer la perpétuité de la cité : *procreandorum liberorum causa*. Mais, à côté de cette considération politique plutôt que morale, la personnalité de la Femme est totalement niée dans le droit des Douze Tables; ce qu'on honore en elle, ce n'est pas la Femme, c'est la future *mater-familias*. Car « Rome n'est point, comme la Grèce, une vierge svelte, qui dédaigne la maternité, c'est une grave et féconde matrone (1); »

(1) M. Michelet, *Origines du droit français*, introduction.

elle honore la Femme comme elle consacre ses murailles, ses bornes, ses monuments, en raison de son utilité. Et plus tard, quand le droit strict s'humanise sous l'influence du préteur et l'adoucissement des mœurs dont il est l'écho, quand la Femme, relevée par l'art dont elle est la prêtresse ou plutôt la divinité, aspire à l'indépendance et à la domination, sa condition s'améliore rapidement; et cependant les faveurs et la liberté qu'elle conquiert, les prohibitions même qui la frappent sont la consécration du principe antique primitivement posé à l'origine de la société romaine : utilité de la femme, mais négation de sa personnalité. Et cela est si vrai que quand, après la conquête faite par la Femme de son indépendance, se formulera ce régime dotal, suprême faveur que la Rome païenne lègue à la Femme pour asseoir sur le sol immuable sa fortune et sa liberté, mais aussi pour entraver pendant des siècles le progrès de son affranchissement moral, c'est au nom de ce principe qu'on justifiera cette innovation : *Rei publicæ interest mulieres dotes salvas habere, propter quas nubere possint*, dit Paul (1), et c'est bien là, avec l'exclusion de la Femme à la participation des droits de la famille, le caractère de toute la législation romaine. La Femme finit par devenir indépendante dans sa personne et dans ses biens; mais là s'arrête le progrès. Quand le *jus trium liberorum* a complété l'émancipation de la fille de famille, de l'épouse, la Femme a atteint à Rome l'apogée du progrès de sa

(1) D., lib. XXIII, tit. IV : *De Pactis dot.* Paul F.

condition; elle ne s'élèvera pas au rang de compagne
de son époux. Et si Justinien, héritier de la vieille législation romaine, dota l'Orient, sous l'influence du
christianisme, d'une législation plus parfaite, et plaça
la Femme de prime abord dans une condition telle
que les sociétés modernes, celles du moins qui ont
accueilli et rajeuni le vieux droit romain, n'ont pu la
faire meilleure, ce n'est plus au bénéfice de la Femme
romaine; et d'ailleurs, dominé par l'antique principe,
il n'a pas su, malgré l'influence du christianisme,
en faire une compagne égale de son époux. C'est à
d'autres sociétés qu'il est réservé de compléter le progrès de la condition de la Femme.

Rome était tombée, et, destinée singulière, un Romulus l'avait fondée, un Romulus la vit périr. Les
Barbares qui mettent fin à ses destinées et se répan-
dent sur l'Occident au v⁵ siècle sont, par leur igno-
rance comme par la rude et austère simplicité de leurs
mœurs, disposés à recevoir le christianisme; déjà ils
apportent, s'il en faut croire le témoignage de Tacite (1), des habitudes de moralité, de chasteté, inconnues au monde ancien. Une seule épouse, c'est la
règle; des dons mutuels précèdent et consacrent le
mariage, et la jeune épouse apparaît ceinte de pudeur
et compagne dévouée de son époux. Et la Gaule qu'ils
envahissent, quoique façonnée depuis quatre siècles
à la forme romaine, n'est point hostile à de telles institutions : César y trouva la Femme vénérée comme
prêtresse, honorée comme l'unique compagne de

(1) Tac., *De Mor. Germ.*, xviii.

l'homme et l'associée d'une inséparable communauté : la famille assise sur le mariage consacré par
les prêtres, et cette institution remarquable qui, réu-
nissant en un tout l'apport de la Femme, la donation
égale faite en retour, et les fruits qui en peuvent être
conservés, en fait le patrimoine légal du survivant (1).
Un peuple qui considère assez le mariage en lui-même
et en dehors de ses fins ordinaires pour lui créer
un avantage aussi spécial, qui tient la Femme en assez haute estime pour en faire une associée de son
époux pendant le mariage et lui assurer dans cette société des chances égales de gains, ce peuple, malgré
la loi romaine qui s'était déployée autour de lui, devait, d'après ses instincts, ses traditions propres, ac-
cueillir aisément l'énergique égalité de la chaste compagne du Germain comme la sainteté vénérable de la
vierge chrétienne.

Ainsi dès le v⁰ siècle se rencontrent réunis dans la
Gaule les trois éléments dont le moyen-âge opérera la
lente et pénible fusion, pour en constituer la condition moderne des femmes : la législation romaine, qui
a donné à la Femme la richesse et l'indépendance qui
la suit ; les traditions gauloises et germaines, qui lui
assurent le respect et l'estime, en en faisant la compagne des destinées de son époux, l'associée de sa fortune bonne ou mauvaise ; enfin le christianisme, qui
l'égale à l'homme par le martyre et la charité.

L'enfantement fut difficile : pendant des siècles les
nationalités se heurtent ; vainqueurs et vaincus cher-

(1) Cæs., *De Bello Gall*, lib. VI, xix.

chent à prendre leur équilibre sur le sol envahi;
les débris du paganisme, les vieilles habitudes de la
barbarie, le christianisme naissant, se débattent con-
fondus dans un inexprimable chaos, les uns dans les
convulsions suprêmes de leur existence usée, le dernier dans l'énergique vitalité de sa récente institution
et de son providentiel avenir. Mais quand enfin le tas-
sement se fut opéré, les résultats en apparurent. Le
droit de Justinien fut le droit auquel s'appliquèrent les
efforts du moyen-âge : cet empereur a porté la faveur
de la Femme aussi loin que l'antique esprit de Rome
l'a permis ; le moyen-âge appliqua ses lois, et le midi
de la France, façonné plus complètement au génie
romain, fut exclusivement régi par elles; on s'y
habitua à voir la Femme émancipée et privilégiée
vivre séparée d'intérêts avec son époux, tandis que
le nord, plus profondément germanique, continuait
à traiter la Femme en compagne du sort de l'homme ;
et la coutume, se rédigeant en divers lieux, établit
cette tendance vers la communauté qui déjà la distingue à son origine.

Cependant le christianisme achevait dans la lutte
l'éducation des peuples : de la Femme, vierge et martyre d'abord, il fait, en proscrivant la polygamie et le
divorce, l'inséparable compagne de l'homme ; il lui
acquiert cette égalité de considération et d'influence
morale qui est le dernier pas de la Femme vers la plé-
nitude de son émancipation et fait le cachet de l'é-
poque moderne : car, à part la nécessité d'une direction unique dans la famille, direction dévolue à
l'homme ; à part cette exclusion de la Femme de cer-

taines fonctions civiles ou politiques, exclusion qui
emporte son organisation physique et morale, et qui
cependant, comme toute règle, souffre des exceptions;
à part cela, disons-nous, la condition de la Femme
doit être aujourd'hui complètement semblable à celle
de l'homme.

Au moyen-âge, vers le xii⁰ siècle, alors que la force
était la seule loi, sinon de droit, du moins de fait,
l'Eglise sut, avec son admirable intelligence, employer
le mal lui-même à la réalisation du bien. A ce moment régnait une grande dissolution de mœurs, produit combiné de la licence grossière des Barbares et
des derniers germes de la dépravation païenne; la
Femme n'était trop souvent que le jouet des passions et de la force brutale. L'Eglise prit en main la
direction de la chevalerie et la fit servir à la réforme
des mœurs et à la réhabilitation de la Femme; c'est
le chef-d'œuvre de l'effort chrétien pour l'éducation
des peuples. L'Eglise sut discerner les sentiments qu'a-
vaient éveillés dans les âmes les notions religieuses,
et, pour répondre à ces besoins et les diriger mora-
lement, elle tira d'une antique coutume celtique cette
institution de la chevalerie, par laquelle, proclamant
du même coup la foi du chrétien, la fidélité du vassal,
l'amour et le respect de la Femme, elle assurait à la
fois les destinées de la société et celles de la Femme.
Ce sentiment idéal et pur qui s'empare du xii⁰ siècle
en faveur de la Femme et lui assigne ainsi de prime
saut une place à côté de ce qu'il y a de plus respecté,
est une suite heureuse à la vénération qu'inspirèrent
les premières chrétiennes, et l'un des plus puissants

leviers qui aient contribué à soulever la Femme et à la placer à sa véritable hauteur. La châtelaine, en effet, participe aux droits et à la puissance de son époux; et lorsque celui-ci, pieux croisé, va combattre dans les pays lointains, c'est sa femme, gardienne du manoir, qui commande et exerce à sa place tous ses droits féodaux.

Le véritable progrès a commencé pour la Femme, il se manifeste plus ou moins prononcé selon les classes, les temps, les lieux; mais que de siècles encore d'efforts et d'obscurité avant qu'une législation complète en vienne proclamer la réalisation! En 1789, les pays de droit civil, régis partout par ce code de Justinien, dernier terme de l'antique émancipation de la Femme, furent arriérés à leur tour; ce vieux régime dotal, produit d'un despotique orgueil qui, se refusant à partager l'omnipotence du père de famille, aima mieux faire de la Femme une étrangère qu'une égale, et préféra, quand il fallut lui faire sa part au soleil, tout sacrifier à la sécurité de ses intérêts matériels plutôt que de l'asseoir, compagne respectée, sur un siége égal au foyer commun; ce droit né du divorce et des défaillances de la famille, qui, transplanté dans les Gaules, envahit plus tard les Barbares envahisseurs, et pénétra l'Eglise même, qui se l'appropriait pour d'autres desseins; ce droit, consécration de la séparation des époux, qui lutta pendant près de deux mille ans contre le Christ prêchant l'égalité et l'union; ce droit, disons-nous, avait saturé jusqu'au cœur le midi de la Gaule, qui ne se trouva pas préparé au progrès nouveau. Il fallut, à côté de la communauté, inscrire dans nos codes les principes de Rome païenne et matérialiste, qui nous étreignent encore en plus d'un point. Mais si le progrès est lent pour les générations, il vient en son temps pour les sociétés; et quand les esprits seront mûrs, ils sauront bien effacer ces derniers vestiges d'une civilisation qui n'est plus la nôtre.

PREMIÈRE PARTIE.

LA FEMME ROMAINE.

Dans la cité romaine, la Femme est libre, esclave ou étrangère, et chacun de ces états entraîne avec lui une condition tout à fait différente. Libre, elle est ou ingénue ou affranchie, et cette distinction dans la liberté frappe chaque position d'un cachet particulier. Dans la famille, la femme est *alieni juris,* fille de famille ou épouse soumise à la *manus,* ou *sui juris,* fille émancipée, femme soustraite au pouvoir marital, fille ou femme libre après la mort de son père ou de son époux. La Femme, même libre, *sui juris,* est soumise à la tutelle perpétuelle de ses parents paternels ou de ceux de son mari : tels sont à Rome les divers éléments de la condition, du *status* de la Femme. Il semblerait naturel d'en diviser l'étude d'après ces données, mais il serait difficile de le faire d'une manière absolue. La nécessité de suivre, pour chacun de ces éléments, les évolutions du progrès à chaque période de la législation romaine, nous entraînerait dans des divisions infinies. D'ailleurs chacun de ces *status* différents n'a pas une importance égale. L'histoire de la citoyenne suffirait seule à la connaissance de la Femme romaine ; c'est celle que nous nous attacherons à étudier, et pour compléter notre tableau, nous jetterons un rapide coup d'œil sur les conditions diverses de l'affranchie, de l'esclave, de l'étrangère. Fille ou épouse, telle est l'ordinaire condition de la Femme dans la vie ; quand elle en sort, c'est par exception. C'est là que nous l'étudierons telle que Rome a su la faire, depuis son origine jusqu'aux dernières lueurs de sa législation.

CHAPITRE PREMIER.

LA CITOYENNE.

———————

La citoyenne, c'est la Femme libre, ingénue, qui a le *connubium*, ou droit de mariage avec le citoyen romain ; car, à l'époque même où la loi des Douze Tables élevait une aristocratique barrière entre la plébéienne et le patricien : *patribus cum plebe connubium nec esto*, celle-ci n'en est pas moins dans une position civile complètement égale à celle de l'orgueilleuse patricienne ; et quand la loi Canuleia aura levé la prohibition du mariage entre les deux ordres, quand l'usage de la *confarreatio*, cette forme solennelle de mariage qui peut-être ne prêtait pas à l'union de la plébéienne ses rites consacrés et religieux, aura disparu avec la sévérité primitive des mœurs, la condition de la citoyenne est une, et n'admet plus de distinctions de castes.

La Femme, telle que l'a conçue le génie austère et positif du peuple romain quand il voulut en faire la *mater-familias*, est libre et honorée sous le toit domestique comme dans la cité. Instrument nécessaire à la perpétuité et à la prospérité de cette création unitaire et puissante qui fit la grandeur de Rome, elle participe aux honneurs, à la considération que la cité répand sur tout ce qui lui appartient. Ainsi, la condition favorable dans laquelle se trouve la citoyenne à la naissance de Rome, se lie à l'organisation politique; le respect et la déférence dont elle est entourée reposent sur un principe tout matérialiste, l'intérêt de la cité : nul sentiment, nulle notion spiritualiste ne l'inspire, et la plus large part que Rome ait faite à l'idéalisation de la Femme, c'est de l'admettre vierge vestale au sanctuaire de ses dieux ; et dans le principe, il faut le remarquer, la vestale n'est point une prêtresse volontaire, c'est la proie du dieu qui, bon gré mal gré, l'enchaîne à ses autels (1). Tant que durèrent les vertus romaines, cette position de nullité honorable, de liberté passive, faite à la Femme en dehors d'elle-même et au profit de la cité seule, lui suffit pourtant ; mais quand vinrent les arts et le luxe, seul milieu dans lequel la Femme païenne pouvait atteindre à la domination et développer son individualité, quand elle eut sous la main les éléments de sa puissance, elle prit rapidement son essor, et atteignit bientôt les dernières limites de l'influence qu'une société païenne pouvait lui accorder.

(1) Aul. Gell., *Noct. Att.*, lib. I, xii.

Alors nous la voyons secouer la *manus*, éluder la puissance paternelle, renverser la tutelle, conquérir le divorce, et asseoir sur le régime dotal sa personnalité triomphante ; et comme nul frein moral n'est là pour retenir dans de sages limites le dangereux exercice d'une liberté illimitée, la Femme se perd de richesses et de corruption, et, vers la fin de la République, le mal est si grand, qu'à défaut du sens moral, l'ordre matériel nécessite une répression, et quelques lois sont portées dans ce but ; le vent de la licence les emporte bientôt. En vain Rome, qui n'avait su faire de la Femme qu'une mère, multiplie autour d'elle priviléges et encouragements ; la Femme veut être épouse aussi, c'est son instinct, c'est son droit, et tant qu'une législation ne la rendra pas telle, elle ne saurait exiger d'elle nulle dignité morale.

Les lois de Justinien, lois chrétiennes qui tendent à la restauration de la Femme dans le mariage et dans la famille, sembleraient devoir être considérées comme le dernier mot de l'émancipation de la Femme : il n'en est point ainsi ; ces lois, qui se débattent encore sous la dernière étreinte du droit civil, s'efforcent en vain de concilier le principe antique de puissance dans la famille avec l'idée nouvelle d'égalité. Elles furent un progrès et non pas le dernier mot du progrès ; mélange singulier de protection exagérée pour la Femme et d'ostracisme à son égard, elles ont du moins le mérite de lui avoir fait l'application complète des notions de l'équité naturelle, et si elles ne sont pas arrivées à en faire l'épouse, telle que l'a conçue le christianisme et que l'ont réalisée les

2

temps modernes, elles prépareront son émancipation par la faveur dont elles l'entoureront, quand elles éclaireront le réveil d'une société nouvelle. C'est la citoyenne, ne l'oublions pas, dont nous étudions à présent la position ; nous allons la suivre d'abord dans la famille de son père, *filia-familias.*

SECTION I.

LA FILLE DE FAMILLE. — *FILIA FAMILIAS.*

§ 1. *Sa position personnelle.*

I. — C'est la loi des Douze Tables elle-même qui détermine la position de l'enfant dans la famille : *Endo liberos jus vitæ, necis, venumdandique potestas ei esto,* dit-elle. D'après ce texte, la fille comme le fils appartient au père de famille, est sa chose, reste soumise à ce pouvoir inexorable, *potestas,* fondement de la famille, et qui, dans le droit primitif, n'est autre que le droit absolu du propriétaire le *dominium.* En naissant, la fille de famille peut être vendue ; elle est exposée si le père n'ordonne qu'on l'élève, *tollere jussit* (1) ; à tout âge elle peut être expulsée de la famille par la *mancipatio,* qui la soumet à un étranger dans un état voisin de l'esclavage ; mais elle n'a pas,

_____

(1) Ter., *Andria,* act. I, sc. IV : *Quidquid peperisset decreverunt tollere ;* et act. III, sc. I : *Nam quod peperisset jussit tolli.*

elle, le droit de forcer son père à l'émanciper, à la libérer de sa puissance. En un mot, d'après le droit strict, la fille est la chose *mancipi* du père de famille ; il a sur elle tous les droits possibles et n'a nuls devoirs à son égard. Tout porte à croire que dans son mariage même la fille n'eut pas plus de libre arbitre qu'ailleurs, et que longtemps le père disposa à son gré de la main de sa fille. C'est d'abord une conséquence directe et logique du droit rigoureux de puissance organisé par la loi des Douze Tables, et les rares monuments qui peuvent nous éclairer semblent confirmer cette idée. En effet, nous trouvons au Digeste ce principe que le pouvoir du père ne va pas jusqu'à forcer son fils à se marier (1), et au contraire que la fille doit suivre sa volonté. Il est à remarquer, d'ailleurs, que la comédie, miroir des mœurs d'une époque, et qui nous montre si souvent les fils de famille en lutte avec l'autorité paternelle à l'occasion du mariage, ne nous fournit pas un exemple d'où nous puissions conclure à la possibilité pour la fille de se soustraire, à cette époque, aux dispositions paternelles. Bien plus, la fille qui, mariée par son père, ne sera pas passée sous la *main* de son époux et sera restée dans la famille, pourra voir son mariage rompu, contre sa propre volonté, par ce père qui l'a mariée malgré elle peut-être. Tant qu'elle n'est pas libérée de cette puissance terrible par un changement, par une *capitis diminutio*, elle peut être à chaque instant

---

(1) *Non cogitur filius-familias uxorem ducere, sed filia peccat si a patre dissentiat, nisi persona indigna sit.* D., lib. XXIII, tit. II.

le jouet du caprice paternel; elle n'a pas d'existence propre, et ne sera quelque chose que lorsqu'il s'agira d'en faire une *mater-familias*. Ce droit était d'une rigueur trop opposée à la nature pour être longtemps en pratique; fut-il même jamais exercé dans ses dernières limites? C'est peu probable, si ce n'est comme exception; en tout cas, il fut bientôt mitigé.

II. — Le droit prétorien, qui suivit de près les Douze Tables (la préture est créée en 387 de Rome), expression légale du progrès et de l'adoucissement des mœurs, modifia peu à peu la position de la fille de famille. Le principe de puissance ne fut point altéré; il s'exerça moins durement. Gaius nous apprend que l'abandon noxal, qui était encore en vigueur de son temps, ne se pratiquait plus que pour les fils (1); mais ce furent plutôt les mœurs que les lois qui procurèrent à la fille une certaine autonomie, et il nous faut aller encore bien loin pour en trouver la trace dans les monuments du droit.

III. — Le mariage, qui dut être à l'origine un contrat purement réel opéré par la simple tradition de la Femme (2), change de nature à mesure que s'augmentent la volonté et la participation de celle-ci; cependant le pouvoir absolu du père subsista longtemps. Nous le retrouvons d'abord quant aux fiançailles, cet antique préliminaire du mariage: le

---

(1) Gaï., IV, 78 et s.

(2) M. Laferrière tient le mariage pour un contrat consensuel, tandis que M. Ortolan le regarde comme purement réel. Voy. Laferrière, *Hist. du Droit civil*, t. II, c. iv, sect. ii, et Ortolan, *Expl. hist. des Inst.*, tit. i: *De Nuptiis.*

père peut seul fiancer sa fille, seul rompre ses fiançailles, tant que sa fille est en sa puissance (1); la fille
de famille est tenue d'accéder au choix de son père,
tant que ce choix n'est pas immoral (2). Et cependant, à côté de cette loi de passive obéissance, nous
trouvons le principe nouveau qui a basé le mariage
sur le consentement, et y concède à la fille de famille une participation sérieuse (3). La nécessité de
son consentement, attestée par ce fragment de Julianus,
témoigne d'un adoucissement bien grand dans sa position, tandis que d'autre part l'assertion de Marcianus,
jurisconsulte de l'époque de Marc-Aurèle, sur la
nécessité pour elle de se conformer au choix du père,
indique clairement que l'antique principe de la puissance domine toujours le droit de la famille. Il s'est
bien produit, sous l'influence prétorienne, un fait qui
semble être la négation de la puissance paternelle :
nous parlons de la *coemptio* fiduciaire indiquée par
Gaius (4), qui peut rendre la fille indépendante de
son père, alors qu'elle est aussi indépendante de son
mari; mais cette pratique n'est usitée que par la
femme mariée ou la fille déjà libérée de l'autorité paternelle. Quant à la fille en puissance, elle n'en sera

(1) *Pater sponsalibus renuntiare potest, in potestate manente filia.*
D., lib. XXIII, tit. I.

(2) *Tunc autem solum dissentiendi a patre licentia filiæ conceditur, si
indignum moribus vel turpem sponsum ei pater eligat.* D., XXIII, 1 : *De
Sponsalibus.* — *Sed filia peccat si a patre dissentiat, nisi persona
indigna sit.* Marcian., lib. X, *Inst.*

(3) *Et sicut nuptiis, ita sponsalibus filiam-familias consentire oportet*
Julian., lib. XVI. Digest., D., lib. XXIII, tit. I.

(4) Gaï., I, 114 et s.

délivrée que par la mancipation, et nous ne trouvons
nulle part la preuve que ce fût un usage répandu ;
au contraire, d'après une constitution de Sévère et
Antonin (1) qui contraint les pères à marier et à
doter leurs filles lorsqu'ils se refusent à le faire sans
raison, méchamment, *injuria*, dit le texte, nous devons présumer que jusqu'alors la fille était restée
d'ordinaire soumise à tout le despotisme de la puissance paternelle ; et qui plus est, si elle a été émancipée, alors qu'elle semble dégagée de tous les liens
de la puissance, alors qu'il en est ainsi pour les fils,
elle devra prendre le consentement de son père pour
se marier ; mais cette disposition, toute contraire
aux principes du droit strict, appartient à une législation postérieure (2).

Ainsi la Femme, qui sous les empereurs était
arrivée, comme nous le verrons, à une émancipation
presque absolue, subit encore dans sa primitive rigueur la puissance du père, tant qu'elle reste dans sa
famille, et c'est le cas le plus ordinaire ; malgré le
changement si radical des mœurs et des institutions
sur bien d'autres points, la puissance du père, *potestas*, ce vieux droit des Douze Tables, a survécu en
principe, et la législation n'a fait qu'en corriger timi-
dement les abus les plus choquants.

IV. — Le préteur, les lois, les jurisconsultes, avaient

(1) Sed ex constitutione divorum Severi et Antonini : *qui liberos quos
habent in potestate, injuria prohibuerint ducere uxorem vel nubere, vel
qui dotem dare non volunt; per proconsules et præsides provinciarum coguntur in matrimonium collocare et dotare.* Marc., D., lib. XXIII, tit. II.
(2) C., V., 4, 18 et 20.

peu à peu restreint le pouvoir absolu du père sur ses enfants. L'exposition avait été défendue bien avant Justinien (1); l'abandon noxal, cette institution du droit primitif qui permettait d'abandonner son fils ou sa fille en réparation du dommage qu'ils avaient causé, n'existe plus que pour les fils dès le temps de Gaius, nous l'avons déjà dit. Justinien le supprima entièrement (2); il conserva pourtant le droit de Constantin, qui autorise le père dans la misère à vendre ses enfants au sortir du sein de la mère (3) : *sanguinolentes.* Malgré le christianisme, la Femme peut être ainsi en naissant rejetée de la famille et livrée à un étranger, devenir la proie de l'inconnu. Et quand nous lisons en outre dans Valère-Maxime l'histoire d'un père, Atilius Philiscus, qui, pour punir sa fille de ses déportements, la met à mort (4), nous devons croire, malgré la constitution de Trajan, qui, en 867 de Rome, contraint un père à libérer son fils qu'il traite inhumainement (5); malgré celle de Constantin, qui, en l'an 1065, condamne à la peine du parricide le père qui a tué son enfant (6), que l'autorité paternelle est

---

(1) C., VIII, 52.

(2) *Sed veteres quidem hæc et in filiis-familias masculis et feminis admisere. Nova autem hominum conversatio hujusmodi asperitatem recte, respuendam esse existimavit, et ab usu communi hoc penitus recessit.* Inst., IV, 8, 7. Ortolan, Inst, liv. I, lit. IX, page 192.

(3) *Sanguinolentes... propter nimiam paupertate megestatemque victus.* C., IV, 45, 1 et 2.

(4) ..... *Filiam suam, eo quod stupri se crimine coinquinaverat, interemit.* Val. Max., VI, § 7.

(5) D., XXXVII, 12. Papin F.

(6) C., IX, 17.

encore puissante sous Justinien. C'est relativement au mariage qu'elle est le plus amoindrie. Antonin avait défendu que le père pût séparer un mariage bien uni (1). Justinien a renversé les termes de la législation ; d'après ses lois, le père doit autoriser le mariage, mais il ne peut plus y contraindre sa fille ; il n'a plus le droit d'envoyer le *repudium* à son gendre, si ce n'est pour une cause grave et juste, et dans le cas où il tient encore sa fille sous sa puissance ; car si elle est émancipée, c'est-à-dire hors de la puissance paternelle, pour quelque cause que ce soit, il ne peut plus intervenir (2). Ainsi, le christianisme aidant, la condition de la Femme sous le droit justinianéen est aussi libre qu'elle peut l'être, et sous beaucoup de points n'a pu être améliorée par la civilisation moderne.

Nous rappellerons enfin que, d'après l'organisation primitive de la famille, étroitement liée à la cité, la fille de famille, *sui juris*, n'aurait pas pu être *adrogée*, parce que cette forme solennelle d'adoption ne se pratiquait que dans les comices curiates, *calatis comitiis* (3), dont les femmes étaient exclues ; mais quand la fiction, venant suppléer au rigorisme du droit strict, eut introduit l'usage d'adopter au moyen de la vente et de la cession juridique, *mancipatio* et *in jure cessio*, elle put être adoptée dans cette forme ; et Justi-

(1) D., XXIV, 2. Paul Sent.
(2) C., lib. V, tit. XVII : *De Repudiis et Divortiis*. Dioclet. et Maxim. Schyro.
(3) Gaï., I, 101.

nien,effaçant les derniers vestiges d'un droit suranné, autorisa l'adrogation des femmes comme celle des hommes par rescript du prince.

§ 2. *Sa position quant aux biens.*

Nous venons de faire une rapide revue du droit qui a régi la personne de la fille de famille depuis les Douze Tables jusqu'au code oriental; voyons à présent quelle fut sa capacité relativement aux choses, et aux divers modes d'acquérir, de posséder, de transmettre les biens. C'est un problème important à résoudre; car, à Rome, c'est sur la richesse que la Femme fonde sa liberté, et son émancipation ne résulte point d'une idée morale, mais de tendances toutes matérialistes qui frapperont sa condition nouvelle d'un stigmate indélébile.

I. — Sous le droit primitif, l'omnipotence du père de famille est trop absolue pour laisser place à l'idée d'un droit quelconque de la fille sur les biens paternels : *Uti legassit, ita jus esto*, dit la loi des Douze Tables. Le testament du citoyen, c'est la loi de la famille; que la fille soit exhérédée ou passée sous silence, qu'importe! a-t-elle un droit, une action contre son père? Il en est de même, du reste, pour le fils; et s'il s'agit de recueillir *ab intestat* l'hérédité paternelle, nulle différence de sexe n'est admise. La fille, *héritier sien*, succède à son père comme ses frères;

elle peut être instituée héritière au préjudice de ceux-ci exhérédés : cela, bien entendu, tant qu'elle est sous la puissance, *in potestate*, de son père. Car à cette époque, lorsqu'elle est sortie de la famille par le mariage ou l'émancipation, elle ne succède plus à son père, auquel elle n'est plus rien (1) : dans le premier cas, elle a acquis des droits nouveaux dans la famille de son époux, et dans le second, rien ne l'empêche de recevoir par testament, à titre de legs ou même d'institution d'héritier, l'hérédité paternelle, à laquelle elle ne peut plus prétendre *ab intestat* (2). Alors encore elle peut recevoir, non seulement de son père, mais de tout autre, à titre soit de legs, soit de donation, sans restriction, sans limite aucune. Cet état de choses présenta peu d'inconvénients dans l'origine ; car alors les mœurs sont rigides, les richesses inconnues : on n'est pas encore bien loin du siècle de Lucrèce et de Cincinnatus, et leurs vertus vraiment romaines sont encore florissantes ; mais l'opulence du patrimoine que la Femme pouvait acquérir en vertu de cette législation même, s'accrut bientôt avec le luxe et les richesses publiques, et il faudra chercher à borner son effrayante extension.

Sous le droit des Douze Tables, il ne peut pas être question pour la fille de l'hérédité de sa mère ; car, ou sa mère est *in manu*, et alors, comme nous le verrons, elles seront entre elles dans la position de sœurs con-

---

(1) Inst., lib. III, tit. IV, 2 : *De heredit. quæ ab intest. defer.*

(2) *Statim enim emancipati liberi, nullum jus in hereditatem parentis ex ea lege* (XII Tab.) *habent, cum desierunt sui heredes esse.* Gaï., III, 19.

sanguines; ou elle est restée dans la famille paternelle, et alors il n'y a plus de lien civil entre elles, et partant plus de droits de succession, elles sont parfaitement étrangères l'une à l'autre ; ou enfin elle est à la fois libérée de la puissance paternelle et du pouvoir marital, et alors, dans la rigueur du droit strict, elle ne lui succédera pas davantage, parce qu'il n'existe encore entre elles qu'une cognation ou parenté naturelle dont la loi ne tient nul compte pour les rapports réels (1).

Telle est la condition de la fille de famille sous la loi des Douze Tables quant aux droits réels, et c'est la conséquence logique des principes du droit, principes qui, dans leur rigoureuse application, furent peut-être peu en vigueur, et en tout cas ne le furent pas longtemps sans être mitigés, mais qui, quoiq.'éludés ou tombés en désuétude, ne cessèrent jamais de dominer l'esprit général du genre humain.

II. — Le préteur ne supporta pas longtemps la vue de la fille de famille impunément omise dans le testament de son père, comme si elle n'existait pas. La faculté illimitée de tester fut restreinte, dit Pomponius, par l'interprétation des lois et l'autorité de ceux qui établissent le droit (2). La fille, qui fait partie des héritiers *siens*, dut être instituée ou exhérédée au

---

(1) *Similiter non admittuntur cognati qui per feminini sexus personas necessitudine junguntur ; adeo quidem, ut nec inter matrem et filium filiamve ultro citroque hereditatis capiendæ jus competat, præterquam si per in manum conventionem consanguinitatis jura inter eos consisterint.*

(2) D., lib. L, 16.

moins *inter cæteros* (1), et le préteur, sans toutefois
rompre encore le testament qui la passait sous silence,
le rendait du moins inefficace. La fille omise dans le
testament de son père fut admise, par une sorte de
droit d'accroissement, à prendre à l'hérédité une part
virile, la part qu'elle aurait eue *ab intestat,* dit Gaius (2),
si les héritiers institués sont *siens,* ou une moitié,
s'ils sont étrangers : c'était le droit de l'antiquité (3);
et même, dans le second cas, le préteur promet à
la fille omise la possession de biens *contra tabulas,* de
sorte que les héritiers étrangers seront complètement
écartés de l'hérédité (4). Ainsi le préteur arrive, à l'aide
de fictions légales, à mettre la fille sur le même pied
que le fils, au moment même où la famille naturelle a
déjà fait d'importantes conquêtes sur la famille civile
et le droit de puissance ; et en effet, non seulement la
fille omise par son père lui succède lorsqu'elle est en
sa puissance, mais elle lui succédera encore, malgré
le droit, lorsqu'elle est sortie de la famille. La possession de biens *unde liberi* est un nouvel ordre de succession créé par le préteur; c'est la reconnaissance
de la participation de la femme à la famille et de son
droit naturel à y avoir sa part, comme la possession
de biens *unde cognati* est la proclamation de son ap-
titude à transmettre les droits qui lui ont été recon-

(1) Inst., lib. II, tit. XIII, 2, 5.
(2) Gaï., II, 124.
(3) Inst., lib. II, tit. XIII, pr. Ulp. Reg. 22, 17 : *Scriptis heredibus
adcrescunt, suis quidem in partem virilem, extraneis autem in partem di-
midiam.*
(4) Gaï., II, 25.

nus. Vers la fin du règne d'Auguste, une loi Junia Velleia, 763 U. R. (1), exigea que les filles exhérédées collectivement, *inter cæteros*, reçussent un legs quelconque; cette disposition nous montre la faculté d'exhédération pour le père subsistant illimitée jusqu'au temps de Gaius même, qui la rapporte (2), et la nécessité qu'elle impose de léguer quelque chose aux exhérédés n'est qu'une réaction contre les tendances prétoriennes qui menaçaient de faire crouler l'édifice du testament, de la loi, consacré par les Douze Tables. En effet, le préteur avait trouvé qu'il n'était pas juste que le père pût, au gré de ses caprices, déshériter, *exhéréder* ses enfants, et il avait inventé la *querelle d'inofficiosité* (3), au moyen de laquelle la fille de famille, car rien ne peut faire supposer qu'elle ne participe point à cette faveur, pourra dénoncer au tribunal centumviral l'injustice de son père et faire rompre son testament (4). Et si les héritiers institués veulent sauvegarder le testament, ils devront lui offrir le quart de l'hérédité (5); voilà la Quarte-Falcidie, cette institution créée plus tard au profit de l'héritier, qui devient le droit de la fille émancipée sortie de la famille.

(1) Gaï., II, 134.
(2) Gaï., 135.
(3) Cic. in Verr., I, 42 : *Testamentum fecerat Annius, non improbum non inofficiosum.*
(4) Laferrière, *Hist. du Droit civil*, liv. I, ch. v, sect. II.
(5) *Quarta portio liberis, deducto œre alieno et funeris impensa, præstanda est, ut ab inofficiosi querela excludantur.* Paul Sent., IV, 5. Laf., *Hist. du Droit civil*, t. I, liv. I, ch. v, sect. IV.

III. — Comme on le voit, la législation prétorienne
a entouré la Femme d'une faveur singulière et a
poussé loin son émancipation depuis les Douze
Tables. Le changement qui se produisit fut trop
brusque, trop radical pour l'époque ; les mœurs n'y
resistèrent pas. Non seulement les dots opulentes et
les successions de la famille avaient enrichi la femme,
mais elle accaparait à son profit des legs nombreux,
de larges donations, des hérédités immenses prove-
nant de personnes auxquelles elle ne tenait par aucun
lien de famille. Le Romain, conquérant du monde,
était vaincu par cette puissance intérieure jusqu'alors
méconnue, et qui l'asservit en se révélant. Le droit
strict de la cité primitive se relâche chaque jour pour
embrasser et s'assimiler les conquêtes nouvelles; il
n'a plus la force de contenir les mœurs; la famille,
dans laquelle la Femme ne fut longtemps qu'une fille,
lui devient étrangère à présent ; la religion n'est point
une égide pour la moralité ; rien n'empêche la Femme
libre et riche de s'abandonner à une licence effrénée,
et, pour s'y maintenir, elle absorbe le patrimoine
des plus aristocratiques familles de Rome. Un double
danger se présentait donc : la moralité, l'existence
même de la famille étaient menacées par la dépravation des mœurs, tandis que les éléments constitu-
tifs de l'Etat se trouvaient déplacés ou détruits par la
ruine des familles riches.

Déjà vers l'an 540 U. R., la loi Oppia (1), portée
contre le luxe des matrones et abrogée vingt ans

(1) Laferrière, *Hist. du Droit civil*, tit. 1, liv. I, ch. v, sect. 11, 14.

après aux applaudissements des femmes romaines, avait tenté de porter remède au premier de ces maux : ce fut en vain. Quelques années plus tard, la loi Furia essayait de retenir le patrimoine dans les familles en prohibant le legs ou la donation à cause de mort de plus de mille as (1); on éludait la loi en éparpillant sa fortune en une multitude de petits legs, et, un peu avant cette époque (550), la loi Cincia (2), qui limitait les donations entre vifs et entre personnes étrangères l'une à l'autre, et semblait ainsi plus particulièrement dirigée contre les femmes, n'amenait pas un meilleur résultat, car elle était dépourvue de sanction légale.

A ce moment parut la loi Voconia (585); ce plébiscite inspiré par l'austère Caton vient surprendre la Femme au milieu du triomphe de sa puissance; il marque la réaction qui s'opère contre son indépendance et ses richesses, dont l'excès est devenu dangereux parce que le droit romain ne l'a pas mise à sa véritable place dans la famille. Procédant d'une façon plus énergique et plus radicale que les lois précédentes, la loi Voconia défend d'une manière absolue au citoyen inscrit au cens dans la première classe d'instituer une femme son héritière; en second lieu, de léguer à qui que ce soit plus qu'il ne laisse à son

---

(1) *Itaque lata est lex Furia, qua exceptis personis quibusdam, cæteris plus mille assibus legatorum nomine mortisve causa capere permissum non est.* Gaï., II, 225.

(2) Laferr., t. I, I, v, 2. Selon M. Laferrière, la loi Cincia limite les donations entre vifs à la même quotité que la loi Furia les legs.

héritier institué (1), et, dans le cas même où il n'aura qu'une fille unique, il ne pourra pas l'instituer héritière, ni lui laisser en aucun cas plus de la moitié de ses biens, puisqu'il doit réserver l'autre moitié à l'héritier institué, héritier qui doit nécessairement être autre que cette fille (2). Du reste, rien ne fut changé, quant aux droits de la fille, à l'hérédité *ab intestat*, qu'elle continue à recueillir pour sa part virile ou en entier, selon qu'elle concourt avec d'autres héritiers ou qu'elle est seule.

Les prohibitions de la loi Voconia, dont le caractère était surtout aristocratique et politique, avaient cependant pour résultat de gêner l'augmentation des richesses de la Femme et d'entraver ainsi sa prépondérance croissante; les mœurs, qui lui résistaient, la firent éluder. A une époque où le préteur, renversant cette règle antique qui ne permettait pas à la Femme d'hériter dans sa famille, *ab intestat*, d'autres personnes que de son père et de ses agnats consanguins (*Item feminæ agnatæ quæcumque sanguineorum gradum excedunt, nihil juris ex lege habent.* Gaius, III, 23), l'appelle à la succession immédiatement après les agnats entre eux, et en général considère comme héritiers tous les *cognats* (3), c'est-à-dire tous ceux qui se rattachent à la famille par les femmes, il n'était

(1) *Ideo postea lata est lex Voconia, qua cautum est, ne cui plus legatorum nomine mortisve causa capere liceret, quam heredes caperent.* Gaï, II, 8, 226.

(2) *Ne quis, qui census esset, heredem virginem neve mulierem faceret.* Tite-Live, XLI, 34. Cicer. in Verr., I, 42.

(3) *Feminæ certæ agnatæ, quæ consanguineorum gradum excedunt,*

pas possible que la fille de famille fût ainsi exclue de la succession paternelle, et ne fût plus apte qu'à en recevoir, à titre de legs, une faible partie ; aussi, dès avant le temps où le fidéicommis est devenu obligatoire, l'usage s'en introduisit en faveur de la Femme, et elle recueillit à ce titre tout ce que la loi Voconia lui défendait de recevoir (1).

Sous le droit prétorien, la fille de famille a fait un grand pas dans l'indépendance ; mais c'est surtout comme épouse que sa liberté devient illimitée avec la pratique usuelle du mariage libre et de la *coemptio* fiduciaire ; alors elle peut tester, ce qui ne lui était pas possible sous la loi des Douze Tables, qui la tenait toujours en puissance ou en tutelle. Nous étudierons plus loin cette révolution radicale.

A l'époque de Justinien, en plein catholicisme, le point de vue de la législation est changé, et si l'idée romaine de puissance absolue, cette base antique de la famille, s'est perpétuée dans la forme du droit, au fond ce droit lui-même est devenu bien autre, et l'idée chrétienne qui concilie les droits du sang et l'exercice d'une légitime liberté avec la dépendance

---

tertio gradu vocantur, id est si neque suus heres neque agnatus ullus erit. Gaï., III, 29.

La fille de famille succédait, sous la loi des Douze Tables, à son père et à ses frères et sœurs consanguins, morts *ab intestat* ; mais au-delà elle ne succédait plus, quoique les agnats les plus éloignés lui succédassent toujours à elle-même.

(1) *Item mulier quæ ab eo, qui centum millia æres census est, per legem Voconiam heres institui non potest, tamen fideicommisso, relictam sibi hereditatem capere potest.* Gaï , II, 174.

des enfants, non pas uniquement vis-à-vis du pouvoir paternel, mais aussi vis-à-vis de la mère, qui dès lors participe à ce pouvoir, l'idée chrétienne a prévalu dans la condition de la fille de famille.

D'après le droit des Douze Tables, droit tellement selon la nature et l'équité que la civilisation moderne ne pouvait rien y changer, et qui, quoique se présentant à l'origine comme une anomalie au milieu des principes civils qui annihilaient la Femme, n'en était pas une en réalité, puisque le citoyen, jaloux avant tout d'assurer la continuation civile et politique de sa personnalité, n'était pas présumé devoir mourir *ab intestat;* d'après les Douze Tables, disons-nous, la fille en puissance recueillait par égale part la succession de son père *intestat.* Justinien conserva simplement ce droit, en détruisant d'ailleurs, par sa Novelle 118, un des résultats les plus considérables de l'antique puissance paternelle et de l'agrégation civile de la famille. Désormais la fille succède à son père lors même qu'il est encore sous la puissance d'ascendants ; la petite-fille succède au lieu et place de sa mère, quoique celle-ci soit sortie de la famille. La révolution commencée par le préteur est accomplie, la cognation est devenue l'équivalent de l'agnation ; en un mot, c'est l'institution de la succession fondée sur la proximité des liens du sang et sur la représentation en ligne directe, ordre de succession dans lequel la Femme jouit de droits égaux à ceux de l'homme. Ainsi se trouve levée, dans la succession collatérale, cette singulière incapacité qui s'opposait à ce que la Femme pût recueillir d'autres successions

collatérales que celles de ses agnats consanguins; incapacité qui n'était que la conséquence des droits de
l'agnation dans l'organisation primitive des successions *ab intestat*, et qui se perpétua si longtemps,
malgré les efforts du préteur.

Quand la loi a réglementé la volonté du père de famille; qu'une réserve légale pour les successeurs lé-
gitimes *ab intestat*, comme pour les héritiers la
Quarte Falcidie, frappe l'hérédité paternelle; que le
principe des Douze Tables, la loi du testament, a
fléchi devant l'autorité de la loi générale, la condition
de la fille de famille est vraiment en harmonie avec
l'équité naturelle. Alors elle devra, comme le fils,
être nominativement instituée ou exhérédée dans le
testament de son père, et comme lui, et au même
titre, elle pourra l'attaquer (1). Elle possède sur l'hérédité paternelle un droit réel (2), et non seulement
elle en recueille une quote-part basée sur le nombre
des héritiers, mais elle la prend à titre d'héritière, et
il ne suffira plus qu'elle en ait été remplie par donation, legs ou fidéicommis (3). Quoique soumise encore à cette puissance paternelle dont le nom seul
est resté, la fille de famille possède des biens à elle,
et ce n'est plus, comme jadis, à titre de pécule autorisé
par la condescendance du père; elle en a la pleine
propriété; elle en dispose librement; elle peut recevoir de sa mère, en dehors de sa part légitime, des

(1) Inst., liv. II, tit. XIII.
(2) Novel. 1, Cod.
(3) Novel. 115, ch. III.

biens dont son père n'aura pas même la jouissance (1);
elle fait librement son testament, sous la seule réserve
de la légitime due à ses parents. (Nov. 115, ch. iv.)
Enfin la fille succédait depuis longtemps à sa mère en
vertu du sénatus-consulte Orphitien, rendu sous Marc-
Aurèle et Commode, an de Rome 931, et confirmé par
des constitutions des empereurs Gratien, Valentinien
et Théodose. Justinien adopte ce droit et l'étend à
la petite-fille (2). Dès que la fille eut un droit de réserve sur les biens de son père, elle eut droit à une
dot. Une constitution de Sévère et Antonin avait
consacré ce principe, qui fut confirmé par Justinien (3).

Ainsi, en résumé, le droit romain, soit par lui-
même, soit par l'influence du christianisme, a fait la
condition de la fille de famille aussi bonne qu'elle
peut, qu'elle doit l'être. Il était peut-être plus aisé
d'arriver au vrai pour la fille moins détournée de sa
voie par des influences diverses que ne le fut la
femme mariée. Une fois le principe absolu de puissance qui détruisait tout autour de lui brisé, la fille
de famille fut naturellement portée à sa véritable
place, et sa position légale sous Justinien est encore
celle d'aujourd'hui.

(1) Novel. 117.
(2) Inst., lib. III, tit. iv.
(3) D., l'b. XXIII, ch. ii.

SECTION II.

L'ÉPOUSE. — *UXOR.*

§ 1. *Du mariage.* — *Ses divers modes.* — *Ses effets.*

I. — « En n'accordant aucune action au mari
« contre la femme coupable d'adultère ou qui a dé-
« serté la maison, ni à celle qui se plaint des traite-
« ments de son mari ou de l'injustice de sa répudia·
« tion ; en n'édictant aucune loi sur l'apport ou la
« restitution de la dot ; en n'entrant dans aucun
« des détails du mariage, mais en établissant une
« règle unique, Romulus assura la modestie et la pu·
« deur de la Femme. » Ainsi s'exprime Denys d'Ha-
licarnasse, *De Romulo.* A cette époque le mariage
est pour la Femme un lien indissoluble, pour elle
du moins ; car si le *repudium* est un droit pour son
mari (1), en certains cas elle ne le partage pas ; elle
ne peut entrevoir un avenir heureux que par son
obéissance, sa modestie, sa chasteté, son activité. A
ce moment elle fait bien partie intégrante de la famille, avec ce double caractère de soumission et de
déférence de sa part au mari, de respect et d'intimité
pour elle. Ainsi, aux repas du soir, tandis que les
hommes sont couchés sur les lits autour de la table,

(1) Denys d'Hal., t. I, liv. I, ch. VIII.

la Femme s'y tient assise; s'il s'élève un débat entre
un mari et sa femme, ils se rendent ensemble au
temple de la déesse *Viriplaca*, s'y expliquent et re-
viennent réconciliés (1). Il est remarquable de trouver
au berceau même de la société romaine la Femme,
quoique renfermée légalement dans une dépendance
absolue, être cependant honorée d'une considération réelle au dehors (2), et jouir au foyer domestique
d'une autorité égale à celle de son époux; c'est du
moins l'opinion de Sigonius (3), et elle semble corro-
borée par le tableau que nous a laissé Columelle de
la famille antique (4), tableau fort exagéré sans
doute, parce qu'il le fait servir de repoussoir aux
mœurs de son temps, mais qui ne doit pas moins
être au fond l'image de la vérité. D'ailleurs, que l'on
ne s'y trompe pas, le tableau présenté par l'écono-
miste latin est un idéal de fantaisie inspiré par le besoin de trouver à son époque un parallèle désagréable,
et surtout il n'a rien de commun avec l'organisation
légale de la famille. Que ce ne soit là que la peinture
des mœurs d'une époque lointaine, mœurs dont le
souvenir s'est conservé par la tradition et les monu-

(1) Val. Max., lib. 1, c. 1 : *De matrimoniorum ritu.*

(2) La personne de la Femme, de la *matrona*, ne doit pas être souillée
par le contact d'une main étrangère; aussi est-il interdit au demandeur
qui appelle en justice une matrone de l'appréhender au corps. (Val.
Max., ibid.)

(3) *Uxor enim pudica et marito semper obsequens, æque ac ille domus
domina.* Sigonius, Op. omn., t. V : *De ant. jur. civ. Rom*, lib. I, c. IX.

(4) *Erat enim summa reverentia cum concordia et diligentia,... nihil
conspiciebatur in domo dividuum, nihil quod aut maritus aut femina proprium esse juris diceret.* Colum., *De Re rustica*, lib. XII..

ments, et que l'écrivain peut représenter à son gré, sous la seule condition de n'en pas altérer la tradition fondamentale ; qu'elle consacre l'idée d'une union intime de la femme romaine à son époux dans l'origine, voilà, croyons-nous, où est la vérité, et nous en tirerons la conclusion que Rome était bien la ville destinée à devenir le berceau de l'émancipation de la Femme ; mais nous nous garderons d'y chercher la trace d'une communauté qui, si elle a pu parfois se dessiner vaguement dans la physionomie d'une famille modèle, n'a jamais existé dans les institutions.

II. — A Rome, l'union de l'homme et de la femme semble avoir débuté, comme dans toute société naissante, par le rapt, la violence, et s'être continuée par l'achat ; mais il est à remarquer que la *coemptio*, représentation de l'acquisition primordiale de la femme par son mari, offre de bonne heure la forme d'un achat réciproque ; ainsi la vierge s'avance vers son époux, portant les trois *as* symboliques, dont l'un, qu'elle tient à la main pour le lui remettre, sera le signe de l'achat. Cette forme, qui, à une époque si voisine de celle où cet achat n'était point une fiction, s'attache à ménager ainsi l'amour-propre de la Femme, n'est-elle pas l'indice de tendances à l'entourer d'une faveur exceptionnelle ?

III. — Et, d'ailleurs, la pratique de la *confarreatio*, antérieure à la loi des Douze Tables, nous est une nouvelle preuve de la considération singulière des premiers Romains pour la Femme. La *confarreatio*, mariage solennel et religieux, qui faisait participer la femme aux *sacra familiæ*, au culte domestique propre à son époux, avait la forme d'un sacrifice particulier (1), et, de plus, était entourée de cérémonies et de rites en partie destinés à rappeler le rapt de la vierge; ce fut probablement la plus antique des formes du mariage à Rome; elle se conserva longtemps à l'usage des familles patriciennes destinées à recruter le pontificat; l'intervention de la Divinité par le sacrifice du *farreum*, les symboles austères ou gracieux qui l'accompagnent (2), attestent l'importance du rôle qu'y jouait la Femme. Et, en effet, la Femme, à Rome, lorsqu'il s'agit d'en faire une mère de famille, est entourée d'une considération, de ménagements inconnus dans la plupart des civilisations primitives. La constitution civile de la famille, le matérialisme même des lois ont tourné à son avantage et ont fait de son union une cérémonie religieuse, et d'elle-même une souveraine honorée du foyer domestique. Et s'il en fut ainsi, c'est que le peuple dont les lois devaient préparer la transition du monde matérialiste et barbare à l'équité chrétienne, dut contenir en germe cette réhabilitation de la Femme qu'il accueillit le premier et répandit ensuite par ses institutions qui régiront le monde connu.

IV. — Enfin le mariage s'opérait par l'usage, par la prescription, *usu*, forme antique aussi, mentionnée la première par Gaius (3), et la plus grossière de

(1) Gaï., I, 112.
(2) Sigon. Car., Op. omn., t. V : *De ant. jur. civ. Rom.*, lib. I, c. IX.
(3) *Olim itaque tribus modis in manum conveniebant, usu, farreo, coemptione.* Gaï, I, 110.

toutes, puisqu'elle tendait à faire considérer la
Femme comme une de ces choses *mancipi*, un de ces
objets de nécessité première dont le citoyen romain
acquiert la propriété par l'*usucapio;* et cependant
c'est au mariage *per usum* qu'est due l'indépendance
de la Femme, car c'est par son moyen qu'elle est affranchie de la puissance maritale, de la *manus*, dès
l'époque des Douze Tables, et même sans doute
avant.

§ 2. *Formes, nature du mariage.*

I. — Nous venons de voir que la forme primitive
du mariage à Rome, quelle qu'elle fût, présentait, à
côté de la rudesse propre à l'origine de toute société
et des liens de puissance spéciaux à la constitution
romaine de la famille, un caractère particulier de
faveur pour la Femme ; voyons quel fut le contrat en
lui-même. Une seule condition semble être nécessaire
à Rome pour la perfection des justes noces et la production de la puissance maritale et paternelle, de la
manus et de la *potestas* : c'est le *connubium*, le droit
de s'unir réciproquement en légitime mariage. Il
semblerait, d'après cela, qu'ainsi que le pense M. Laferrière (1), le mariage dût être un contrat exclusivement consensuel. Cette solution nous paraît trop
absolue. Sans adopter l'opinion de M. Ortolan, qui

(1) Laferrière, *Histoire du Droit civil*, t. I, liv. I, chap. IV, sect. II,
note 5.

n'y voit, lui, qu'un contrat réel (1), nous croyons
qu'il faut distinguer; que, dans chacune des formes du
mariage, l'essence du contrat n'est pas la même, et
que si, dans le mariage libre *per usum*, c'est le seul
consentement, la seule *animi destinatio* (2) qui fait
l'épouse, il n'en était pas ainsi à l'origine pour la
confarreatio, dont les solennités sont de rigueur, tellement que le divorce du mariage ainsi contracté ne
s'opérera que par une solennité correspondante, la
diffareatio (3); ni pour la *coemptio*, car le mari ne
pourra répudier la femme, sur laquelle il a ainsi acquis la *manus*, que par la *remancipatio*; et quand le
mariage *per usum* a produit la *manus*, le mari ne
pourra pas plus briser ce lien qu'il ne peut rompre
celui qui tient ses enfants sous sa puissance, sans
employer la *mancipatio*, cette forme solennelle,
stricte, de l'aliénation à Rome. Dans le principe, le
mariage doit toujours être, on le voit, un contrat
réel.

Il en fut autrement quand se généralisa la forme
du mariage *libre*, *per usum*. Dès qu'il ne s'agit plus
de la production de la puissance maritale, l'*usucapio*,
cet autre moyen légal d'acquérir, n'est plus exigée
pour le mariage, et dès lors il ne reste plus rien que
le consentement; c'est là ce qui explique très-bien
pourquoi nous ne trouvons au Digeste nulle trace de
la nécessité de formalités quelconques pour la validité

(1) Ortolan, *Inst.*, liv. I, tit. x : *Des Noces*.
(2) D., XXV, 7, 4. Paul F.
(3) D., lib. XXIV, tit. II, 2.

du mariage, et pourquoi, jusqu'à la loi Julia, *De Adulteriis*, nulle forme déterminée ne fut imposée au divorce.

II. — Le mariage, à Rome, est exclusif de la polygamie, et cela d'après les lois mêmes de Romulus. Ce fut là un premier pas dans la voie de la réhabilitation de la Femme, et un fait d'autant plus remarquable que la polygamie a été jusqu'alors, à part peut-être de rares exceptions, confirmation de la règle, la pratique du monde entier. L'apparition de la Femme comme épouse unique signale la renaissance de sa personnalité; et quand son libre consentement au mariage sera devenu obligatoire, la Femme aura conquis les deux éléments principaux de son autonomie.

Nous trouvons bien à Rome la monogamie en usage dès l'origine, mais rien ne nous prouve que le consentement de la Femme y ait été pris au même moment pour base du mariage; le caractère absolu de la puissance paternelle et les traces qui s'en sont longtemps conservées dans le droit romain, relativement aux fiançailles et au divorce, semblent au contraire indiquer qu'il n'y eut pas dès le principe place pour le consentement de la Femme. Selon nous, ce consentement ne fit le mariage qu'à partir de la loi des Douze Tables et du mariage *libre*, alors qu'il fut au pouvoir de la Femme de se soumettre ou d'échapper à la puissance du mari. Dès lors, en effet, la nécessité du consentement de la Femme est évidente; introduite d'abord par l'usage et les mœurs, elle va devenir un principe fondamental du droit romain.

§ 3. *Pouvoir marital.* — Manus.

I. — Mariée par l'un des trois modes que nous avons indiqués, la Femme tombe au pouvoir, *in manu*, de son mari, et c'est là un droit propre au citoyen romain (1). Alors la Femme sort de la famille de son père, à laquelle elle devient étrangère, et quant aux personnes, et quant aux biens: elle cesse d'être au nombre de ses héritiers *siens*. Elle passe au contraire dans la famille de son mari, dont elle devient la fille (2); tellement qu'elle peut être vendue par lui, mise à mort pour des causes qui furent peut-être déterminées, de même que celles du divorce. En tout cas, le mari est le juge de la femme; que celle-ci ait bu du vin ou se soit abandonnée à l'adultère, le mari la juge en présence de ses parents à elle; s'il la surprend en flagrant délit, il a le droit de la tuer, autrement il peut la renvoyer (3).

Pour la Femme *in manu*, pas de propriété possible; tout ce qu'elle possède au jour du mariage tombe dans le patrimoine du mari; il en est de même de tout ce qu'elle peut acquérir (4); elle n'a

(1) *Olim itaque tribus modis in manum conveniebant, usu, farreo, coemptione.* Gaï., I, 110. — *In manum autem feminæ tantum conveniunt.* 109. — *Et ipsum jus proprium civium Romanorum est.* 108.

(2) *Nam velut annua possessione usucapiebatur, in familiam viri transibat, filiæque locum obtinebat.* Gaï., I, 111.

(3) Denys d'Hal., t. I, liv. II, ch. VIII.

(4) ... *Sive quam in manum ut uxorem receperimus, ejus res ad nos transeunt.* Gaï., II, 98, 86 et s.

rien à elle, elle ne pourra disposer de rien ; pas plus
que la fille de famille elle n'aura le droit de tester,
car, comme elle, elle est en *puissance*. En compensation, elle succède à son mari au même titre et dans
la même proportion que ses propres enfants (1) ; elle
succédera même à ses enfants, parce qu'elle est pour
eux une sœur, parce que la *manus* établit entre eux
les droits de consanguinité (2), et par suite elle succédera aux enfants d'un premier lit de son mari, car,
d'après le droit civil, les liens seront les mêmes entre
eux (3). En un mot, la Femme soumise au pouvoir
marital, *in manu*, est exactement dans la même position que la fille de famille en puissance, *in potestate* (4) ;
si quelques nuances ont existé, elles furent bien
vagues sous le droit primitif, et ne se dessinèrent
nettement qu'à l'époque où le lien de la puissance
s'est relâché.

§ 4. Mariage libre.

I. — Ce fut la loi des Douze Tables elle-même qui
ouvrit la voie par laquelle la Femme put échapper à

---

(1) *Uxor quoque quæ in manu est, sua heres est, quia filiæ loco est.*
Gaï., III, 3, d'après la restitution de Goëschen.

(2) Gaï., III, 24.

(3) *Sororis autem nobis loco est, etiam mater aut noverca, quæ per in
manum conventionem apud patrem nostrum jura filiæ nancta est.* Gaï.,
III, 14.

(4) *Omnes igitur liberorum personæ... quæ in potestate parentis sunt...
mancipari ab hoc eodem modo possunt.* Gaï., I, 117. — *Idem juris est in
earum personis quæ in manu sunt.* Gaï., I, 117. Ibid , I, 5.

l'omnipotence maritale ; elle consacre la production
de la puissance maritale par l'*usucapio* de la Femme,
ni trinoctium ab eo usurpandi ergo abescit, à moins
que cette dernière ne se soit éloignée de son mari
pendant trois nuits. La Femme s'empara vite d'une
exception si favorable, et, vers la fin de la république,
le *mariage libre* est devenu la règle. Alors la Femme
reste dans sa famille paternelle, avec son titre d'*héritier sien*, ses droits d'agnation ; il semble qu'elle ne
soit pas mariée, tellement que son père pourra la séparer du mari qu'il lui aura donné (1) ; alors elle
n'hérite ni de son mari, ni de ses enfants, car civilement elle leur est étrangère. Le mariage, en un mot,
constitue l'indépendance la plus complète de la
Femme vis-à-vis du mari ; c'est un régime de séparation absolue.

II. — Toutefois, ce n'est là qu'un demi-remède à
la sujétion de la Femme ; soustraite au mari, elle reste
la propriété du père ; soumise à sa puissance et plus
tard à la tutelle de ses agnats, elle n'a et n'aura pas
davantage la libre disposition de sa personne ni de
ses biens (2).

A ce moment, l'influence du préteur et l'habileté
des jurisconsultes s'unissent pour procurer à la Femme
la plus grande somme possible de liberté ; pour y
arriver, ils emploient une vente fictive, qui fera sortir

---

(1) Laboulaye, *Recherches sur la condition des femmes*, sect. I, ch. II,
p. 18.

(2) Gaï., II, 80. — *Nunc admonendi sumus neque feminam, neque pu-
pillum sine tutoris auctoritate rem mancipi alienare posse.* Ibid., I, 115

la Femme de la famille de son père, mais qui ne produira pas la *manus* pour le mari. La Femme fait avec son mari une *coemptio* fiduciaire (1), qui la met non plus *in manu*, mais *in mancipio*. La *coemptio* n'est autre chose que la *mancipatio*, forme stricte de la vente romaine, de l'aliénation, selon le droit quiritaire de la chose *mancipi;* elle se fait, comme cette dernière, en présence de cinq témoins pubères et citoyens, et du *libripens* ou porte-balance, par son père si elle est en puissance, ou par elle-même avec l'autorisation de son tuteur si elle est en tutelle; puis le mari l'émancipe, et ne conserve plus alors sur elle que les droits de la tutelle fiduciaire.

III. — Ainsi durent se passer les choses dans les temps rapprochés de la loi des Douze Tables. Mais l'orgueilleuse indépendance de la matrone, dont le luxe et les caprices, croissant à mesure que diminuaient ses vertus, devaient bientôt provoquer la loi Oppia (540), ne put supporter longtemps l'ombre même d'une soumission quelconque au mari; alors, libre dans le mariage, elle fit *coemptio* fiduciaire avec un étranger, et le mari ne demeure pour elle qu'un père légal à ses enfants. Ainsi furent brisés à Rome les derniers liens qui rattachaient la Femme à la famille, en la retenant sous la dépendance d'un père ou d'un mari; ainsi commença l'effrayante décadence des mœurs antiques; mais en compensation la Femme ainsi affranchie a conquis des droits incon-

(1) Gaï., 1, 113, 114, 115.

nus, dont elle laissera le précieux héritage à la Femme
barbare et moderne.

Avec le mariage libre et la liberté sans frein apparaît le divorce. Le premier dont l'histoire ait conservé
la mémoire comme d'un événement qui fit sensation,
n'est point à la charge de la Femme ; et si le souvenir
en est resté, c'est moins en raison de l'apparition d'un
fait nouveau, inconnu à Rome, qu'à cause de l'extension donnée à un droit anciennement renfermé dans
d'étroites limites, et dont l'esprit comme la lettre se
trouvent changés par la pratique nouvelle. En effet,
d'après Plutarque, Romulus avait spécifié les causes
du *repudium* et établi des peines pécuniaires contre
l'homme qui renverrait sa femme hors des cas déterminés (1). Le divorce de Sp. Carvilius Ruga, qui, en
525, U. R., répudia sa femme stérile (2), afin de tenir le serment qu'il avait fait aux censeurs de se marier pour avoir des enfants, en ajoutant une cause
aux motifs anciennement déterminés par la loi, inau-
gura une ère nouvelle. Dans l'origine, le *repudium*
était un résultat du pouvoir marital, et ne pouvait,
en conséquence, être exercé que par le mari; la
langue même en fait foi : *repudium*, c'est le mot antique qui exprime le renvoi de la femme par son mari;

(1) D., lib. XXIV, tit. II. — Plutarch. in Rom.
(2) Aul. Gell., lib. IV, cap. III. — Val. Max., II, 1, not. 4.

il n'en existe pas d'autre. Mais quand la Femme s'est, par le mariage libre, soustraite à la *manus*, son père, en la puissance duquel elle est restée, a le droit de revendiquer sa fille, alors même qu'il en a prêté l'usage au mari pour cause de mariage; il a le droit de la séparer de lui, *divellere*, d'où *divortium* (1) : la succession des termes indique clairement celle du droit. Et quand la Femme se sera, par la *coemptio* fiduciaire, affranchie même de la puissance paternelle, elle héritera du droit d'envoyer à son mari le *repudium*; car, dans le mariage libre, nulle raison légale ne s'y oppose : il y a deux personnalités, deux volontés, qui peuvent, comme dit Gaius, aller en sens contraire (2).

Le divorce est né; et comme la loi des Douze Tables n'a pas reproduit les restrictions primitivement apportées au *repudium*, il s'ensuit que le divorce peut avoir lieu sans causes légales et par la seule volonté des parties, et amène bientôt une effroyable dissolution dans les mœurs. Les hommes en vinrent à changer d'épouses avec une légèreté cynique, tandis que, de leur côté (3), les femmes s'abandonnaient sans

(1) ... *Mulier aut etiam pater ejus, si esset illa in potestate patris, poterat et quidem, ea invita, repudium mittere.* D., XXIV, 2.

(2) *Divortium autem, vel a diversitate mentium dictum est, vel quia in diversas partes eunt qui distrahunt matrimonium.* Gaï., lib. II ad edict. prov. D., XXIV, 2. — Le *divortium*, c'est la séparation par consentement mutuel; le *repudium*, c'est la séparation par la volonté d'un seul.

(3) *Numquid jam ulla repudio erubescit, postquam illustres quædam et nobiles feminæ non consulum numero, sed maritorum annos suos computant.* Senec., *De Benef.*, III, 16.

4

frein aux plus licencieux caprices. Le mari signifiait
sa volonté, reprenait à sa femme les clefs, signe de
l'empire domestique, lui rendait ce qu'elle avait apporté, et la renvoyait (1); celle-ci s'en allait de même,
sans qu'aucune formalité fût exigée pour la rupture
du lien conjugal. Considération et moralité à part, la
Femme, on le voit, ne pouvait rien exiger de plus
en fait d'indépendance. Cependant la république
s'effrayait; le censeur nota d'infamie celui qui répudiait sa femme sans avoir requis le conseil de ses
amis (2); la Femme, de son côté, fut frappée de peines
pécuniaires qui punirent ses caprices de la rétention
d'une partie de sa dot (3); les lois d'Auguste, Julia
et Papia Pappæa, qui fixèrent la quotité de cette rétention d'après le nombre des enfants, semblent plutôt inspirées par l'intérêt de la famille que par la nécessité de réfréner la licence des femmes.

II. — Le christianisme souffrit avec peine le divorce, dont la pratique était si contraire à ses principes; son influence amena les constitutions de Constantin et d'Honorius, qui, par un retour à l'esprit antique, déterminèrent les causes du divorce (331-421).
Théodose et Valentinien, vers 439, semblèrent revenir aux anciens errements, et le divorce *bona gratia*

(1)   *Collige sarcinulas, dicet libertus et exi,*
    Jam gravis es nobis et sæpe emungeris, exi
    Occius et propera : sicco venit altera naso
                 Juven., *Sat. X.*

(2) Valer. Max. : *Refert censores senatu amovisse L. Antonium, quod virginem quam in matrimonium duxerat, repudiasset, nullo amicorum in consilium adhibito.* — D., XXIV, 2.

(3) Laboulaye, *Recherches sur la condition des femmes,* p. 51.

subsistait encore au temps de Justinien, qui l'abolit formellement par sa Novelle 117, c. x. Son successeur Justin le rétablit purement et simplement (Nov. 140, proleg.).

Les efforts du christianisme ne furent pas couronnés d'un succès complet, et, malgré des fortunes diverses, le divorce resta dans la législation romaine, comme corollaire de la séparation des époux dans le mariage libre. La séparation des intérêts est si absolue, leur antagonisme si complet, que si, durant le mariage, la Femme opère quelque soustraction au préjudice de son mari, celui-ci aura contre elle une action *rerum amotarum* (1), action prétorienne dont il ne pouvait être question tant que la Femme fut *in manu;* car il est de principe en droit romain qu'il ne peut naître aucune obligation entre le père de famille et celui qui est sous sa puissance (2).

Le divorce par consentement mutuel, ou *ob leviores mores*, fut le signe de la corruption de Rome, la sanction de sa décadence morale; il fut une page honteuse dans l'histoire de la Femme romaine, et cependant il constitue l'un des progrès les plus brillants de la condition des femmes. Par le divorce, la personnalité de la Femme se détacha dans la société; sa liberté d'action fut consacrée; sa fortune, séparée du patri-

(1) *Si uxor constante matrimonio res mariti amovisse dicatur; in eam actionem dabo, vel jusjurandum deferre permittam.* D., lib. XXV : *De Act. Rer. amot.*

(2) ... *Nulla enim omnino inter me et eum qui in potestate mea est, obligatio nascitur.* Gaï., IV, 78.

moine marital, lui fut conservée et rendue. En un
mot, c'est dans le divorce que la Romaine a puisé
toutes les améliorations sociales qu'elle va léguer à la
Femme des sociétés barbares.

§ 6. De la dot.

I. — Dans le mariage avec *manus*, le futur, en sti-
pulant du père qu'il lui donnât sa fille en mariage,
stipulait en même temps à son profit une somme que
nous appellerions aujourd'hui une *dot*, et qui lui était
acquise en vertu de sa *stipulatio* et de la *sponsio* du
père de famille, dès que le mariage, qui en était la
condition, était accompli (1). En vertu de ce contrat,
le mari acquiert pour lui, et en son nom personnel,
la chose stipulée ; la Femme y est complètement étrangère, et si en se mariant elle a des biens à elle, ils tom-
bent dans le patrimoine de son mari, qui en devient
propriétaire universel par le fait même de la *manus* (2).

Quand le mariage libre est pratiqué, la Femme
reste bien maîtresse de sa fortune, si elle en a
une ; mais elle abandonne à son mari, ou le père
donne pour elle, si elle est encore en puissance, une
partie quelconque de ses biens, une somme stipulée
toujours avant le mariage, et qui devient, comme

---

(1) *Spondebatur pecunia aut filia nuptiarum causa... appellabatur et
pecunia et quæ desponsata erat, sponsa.* Varro, *De Ling. lat.*, VI, 70.

(2) D., XXIII, III, 72 : *De Jure dotium.* Paul F.

nous l'avons vu plus haut, la propriété du mari à titre particulier : rien n'est changé tant qu'il s'agit du
mariage d'une fille en puissance. Mais le mariage libre
a produit ce résultat, qu'il permet à la Femme, *sui*
juris et maîtresse de sa fortune, de la conserver par
devers elle, et de n'en abandonner qu'une fraction
à son mari. Du reste, dans l'un et l'autre cas, le mari
fut d'abord propriétaire, à titre particulier pour la
somme stipulée, à titre universel pour les biens qu'il
acquiert à raison de la *manus*, mais libre de disposer
à son gré des uns et des autres.

Cette somme stipulée par le mari, promise par le
père, sous la condition du mariage à venir, c'est bien
certainement là une *dot*, faite en vue du mariage,
destinée à concourir à ses charges ; mais ce n'est point
encore le régime dotal. Ce fut du moins l'instrument
à l'aide duquel la Femme conquit son indépendante
prépondérance. Pour s'affranchir de la *manus* et conserver par devers elle une partie de ses biens, elle
dut sacrifier l'autre.

Le citoyen romain n'était pas homme à épouser
une femme sans *dot*, ou alors il en faisait une concubine ; il paya son avidité de son autorité maritale.

II. — Il est curieux de voir quel empire avait pris,
à la fin de la république, la Femme *dotée* du mariage
libre, à une époque où le sacrifice qu'elle avait fait
primitivement de sa dot n'en était déjà plus un, et où
elle est arrivée à s'arroger sur son époux les droits
d'un créancier impitoyable (1). A voir la Femme al-

---

(1) *Principio nobis mulier magnam dotem adtulit, tum magnam pe-*

tière et riche malmener un mari débiteur insolvable
et faire plier la famille sous son joug despotique, on
peut apprécier l'étendue de l'émancipation de la
Femme, et l'on comprend qu'il ne lui resta rien à
conquérir comme indépendance matérielle.

§ 7. Du régime dotal.

I. — Tant que le divorce ne fut à Rome qu'un ac-
cident, il n'y eut pas lieu de s'inquiéter de la restitution des choses passées à l'occasion du mariage sous
le *dominium* du mari. Mais quand les divorces sont
devenus fréquents, qu'à partir de celui de Cornélius
Ruga, ils ne seront plus fondés sur quelque faute
grave de la Femme, mais bien sur le caprice de l'un
des époux ou sur leur consentement mutuel, la nécessité de sauvegarder la fortune de la Femme devint
flagrante (1), et ce fut à ce moment que s'introduisit
la *cautio rei uxoriæ*, en vertu de laquelle le préteur
promit l'*actio rei uxoriæ*, action de bonne foi, portée
devant des arbitres (2).

L'*actio rei uxoriæ*, qu'on le remarque, est générale,

cuniam recepit quam in viri potestate non committit. Eam pecuniam viro
dat mutuam ; postea ubi irata facta est servum receptitium sectari atque
flagitare virum jubet. Aulu-Gelle, discours de Caton, XVII, 6.

(1) *Nullas rei uxoriæ neque actiones, neque cautiones in urbe Romana
in Latio fuisse... S. Sulpicius tum primum cautiones rei uxoriæ necessa-
rias esse visas scripsit.* Aul. Gell., IV, 3.

(2) *Hæc verba excellunt in arbitrio rei uxoriæ, melius æquius.* Cicer.,
Off., III, 15.

destinée à la revendication de tout ce qui est tombé
au pouvoir du mari par le fait du mariage; elle est
fondée en droit romain sur la *stipulation* qui a pré-
cédé le mariage, stipulation qui se fera le plus souvent avant le mariage, mais qui peut sans inconvé-
nient avoir lieu après(1), soit que par cette stipulation
le cas de séparation eût été prévu et le sort de la dot
réglé, soit qu'en l'absence de toute prévision, l'intention des parties soit interprétée selon l'équité : c'est
ce dernier cas qui fut l'origine de l'action *rei uxoriæ*.

La caution et l'action *rei uxoriæ* devinrent appli-
cables aux biens de la femme possédés par le mari à
titre universel par l'effet de la *manus*. Cicéron nous
apprend que ces biens portent le nom de *dot* (2), et
la Femme *in manu* avait encore plus besoin de garanties que toute autre, puisqu'en principe la dissolution du mariage par le divorce doit la rejeter nue et
dépouillée, le mari gardant ses biens, dont il est devenu le propriétaire universel.

Ce sont là les rudiments du régime dotal; la *cautio*
et l'*actio rei uxoriæ* sont nées de la nécessité de conserver à la Femme, en cas de divorce, un patrimoine
jusqu'alors absorbé par la toute-puissance, par le
dominium exclusif du mari; elles sont la consécration
de la séparation actuelle et la prévision de la sépara-

---

(1) *De dote non solum ante nuptias, sed et pacisci post nuptias, etiam
si nihil ante convenerit, licet.* D., XXIII, v. Javol.

(2) *Quum mulier viro in manum convenit, omnia quæ mulieris fuerunt
viri fiunt dotis nomine.* Cic., *Top.*, IV.

tion future, et c'est là l'esprit tout entier du régime dotal qui s'élèvera sur ces bases.

II. —Nous venons de constater la première atteinte portée au pouvoir du père de famille par cette distinction introduite dans son patrimoine même, de la *res uxoria* dont il a été nanti et qu'il peut être obligé de rendre. Mais l'action et la caution *rei uxoriæ* ne sont d'abord créées qu'en prévision de cas déterminés; le droit du mari sur les biens qu'il a reçus *dotis nomine* reste complet, il les possède en pleine propriété. De son côté, et en compensation de cette *dot* qu'elle a aliénée, la Femme gardera des biens *réceptices* (1) considérables dont elle conserve la jouissance, la propriété, l'administration : ce sont les biens paraphernaux du régime dotal postérieur. Quand le mari est propriétaire absolu de la dot., ils ont une raison d'être qui n'existera plus lorsque le mari ne sera qu'un simple usufruitier; mais ils seront conservés par la liberté attachée aux pactes dotaux, *pacta dotalia* (2), qui ont succédé à la primitive stipulation.

Jusqu'à la fin de la république le mari reste propriétaire de la dot; il est soumis à l'action et à la caution *rei uxoriæ*, mais c'est tout : il est toujours *dominus dotis*. Cependant, par suite de la multiplicité

(1) *Quando mulier dotam marito dabat, quæ ex suis bonis retinebat neque ad virum transmittebat, ea recipere dicebatur; sicuti nunc quoque in venditionibus, quæ excipiuntur neque veneunt.* D., XXIII, IV. — Aul. Gell., XVII, 6.

(2) D., XXIII, IV : *De Pactis dotalibus.*

des *mariages libres* et de l'usage qu'eurent à cette époque les femmes de conserver de grands biens *réceptices*, leur patrimoine, promptement dissipé par leur
luxe et leur mauvaise administration, était menacé
dans son existence même, et la famille se trouvait
en péril. On dut y pourvoir. Pour amener la Femme
à replacer sa fortune sous l'autorité du mari, il fallut
substituer au droit de propriété de ce dernier sur la
dot un simple droit de puissance ; pour étayer le
mariage et la famille, on dut assurer la conservation
de l'héritage des femmes ; la loi Julia, *De Fundo dotali*,
sous Auguste, résolut le problème en posant le principe de l'inaliénabilité du *fonds dotal italique.*

III. — Si le régime dotal inauguré par ce principe
nouveau fut une faveur pour la Femme, il est permis
d'en douter. Par le *mariage libre* et l'usage des *biens
réceptices*, elle avait atteint le plus haut degré d'indépendance possible, pour sa personne et sa fortune ;
cette indépendance, trop rapidement conquise pour
qu'elle ait appris à s'y conduire, trop absolue d'ailleurs parce qu'elle séparait ce qui doit être uni, fut
un fardeau trop lourd pour elle ; elle en fit un abus
que rien ne pouvait prévenir ni arrêter dans la
société et les mœurs romaines ; et le régime dotal
n'est que la suite du système qui, à partir du vi⁰ siècle U. R., lutta vainement contre les excès d'une liberté que Rome païenne et corrompue fut impuis-
sante à modérer. La Femme libre, riche, démoralisée,
échappait à la famille ; Rome ne chercha point à l'y
rattacher par l'intérêt d'une égale et intime société,
idée inconnue au peuple qui fonda la famille sur la

puissance civile du *pater-familias*. La séparation des
patrimoines, qui avait commencé le jour où la personnalité de la Femme se détacha, distincte, de celle
du mari, se maintenait sous la possibilité constante
d'un divorce imminent; le régime dotal la consacra.
Inspirée par les mêmes idées qui dictent le sénatus-
consulte Velléien rendu quelques années plus tard (1),
la loi Julia, *De Fundo dotali*, n'est qu'une atteinte portée à la liberté de la Femme au profit de la famille et
par suite de l'Etat. On frappe les femmes en général
d'incapacité, sauf à en relever la *mater-familias* en particulier, comme le fait la loi Papia Poppæa vis-à-vis des
prohibitions de la loi Voconia, et cette incapacité a
pour but la conservation de la dot; c'est là le grand
principe du régime dotal romain : *Reipublicæ inte-*
rest, dit Paul, *mulieres dotes salvas habere, propter*
quas nubere possint (2). Il importe à la république
que la Femme conserve intacte cette dot qui doit assurer son mariage ; car, si elle n'a pas de dot, elle ne
sera qu'une concubine.

A l'origine de l'émancipation de la Femme, c'est
elle qui est dotale, dotée, *dotata uxor* (3); à partir
d'Auguste, ce sont ses biens qui deviennent dotaux,
et sont frappés comme tels de cette inaliénabilité nui-

---

(1) D., lib. XVI, tit. 1. — *Et primo quidem temporibus divi Augusti,*
mox deinde Claudii edictis eorum erat interdictum ne feminæ pro viris suis
intercederent. Ulp., lib. II, 9.

(2) D., XXIII, 3 : *De Jure dotium.*

(3)   *Venias modo domum, faxo ut scias*
        Quid pericli sit dotalæ uxori, convicium dicere.
                        Plaut., *Asin.*, act. v, sc. III, v. 49.

sible aux transactions et au progrès général et funeste
à la Femme qu'elle endort dans une égoïste insou-
ciance de la prospérité de la famille.

IV. — Le christianisme adopta le droit romain;
c'est là qu'il trouvait formulées les lois qui se rap-
prochaient le plus de l'égalité, de l'équité naturelle
qu'il préconisait; il s'en fit un puissant auxiliaire, et
accueillit le régime dotal, malgré ses germes de séparation des intérêts des époux si contraires à l'union
chrétienne, parce qu'il y trouva consacrée l'émancipation matérielle de la Femme, dont il prêchait, lui,
la réhabilitation morale.

V. — A partir de la loi Julia, le système du régime
dotal s'organise rapidement. La *dot* est distinguée
en profectice ou adventice, selon qu'elle est constituée par le père ou autre ascendant, ou par la Femme
ou un étranger (1); distinction qui en amène d'autres pour les cas de gains ou de restitution par le
mari : elle est estimée ou inestimée, et dans le premier cas, si le mari a le choix de rendre ou le fonds
dotal ou sa valeur, il pourra l'aliéner (2).

Jusqu'à Justinien, la dot constituée par le père
lui retourna, dans le cas de prédécès de la Femme,
avec une retenue d'un cinquième pour chaque enfant issu du mariage; si le père est mort, la dot reste
au mari, qui gagne dans tous les cas la dot adventice.

(1) D., XXIII, 3 : *De Jure dotium.*
(2) D., XXIII, 5 : *De Fundo dotali. — Quod autem si fundus in dotem
æstimatus datus sit, ut electio esset mulieris, negavit Africanus, alienari
fundum posse; quod si arbitrio mariti sit, contra esse. Lib. II, quæst.*

Justinien supprime ce dernier vestige de la *manus*, et par une grave innovation, à la défense d'aliéner le fonds dotal sans le consentement de la Femme et de l'hypothéquer même de son aveu, il ajoute la prohibition absolue d'aliénation (1). Dès lors la Femme ne possède plus que fictivement ses biens dotaux, qui, n'étant à la disposition ni de l'un ni de l'autre des époux, ne sont plus guère qu'une offrande imposée à la Femme en faveur de la famille, et ce caractère devient encore plus marqué quand Justinien a changé la nature de la donation *ante nuptias* pour en faire un apport du mari dans le mariage, apport équivalent à la dot, et qui, devenu la donation *propter nuptias*, suivra rigoureusement toutes les vicissitudes de la dot (2). Ainsi, le dernier effort du droit romain enté sur le christianisme pour améliorer la condition de l'épouse, c'est d'assurer, par l'inaliénabilité et l'hypothèque (3), la part qu'elle avance à ce patrimoine matrimonial qui se dresse indépendant et immuable entre les époux comme pour les séparer.

(1) L. un. C., XIII, 1 : *Ne fragilitate naturæ suæ in repentinam deducatur inopiam.*

(2) Laboulaye, *Recherches sur la condition civile et politique des femmes,* Droit romain, sect. II, chap. III.

(3) L. 30, C. *De Jure dotium,* V, 13. — L. un., § 1, 15. — C. *De Rei uxoriæ act.* — Inst., IV, 6, § 29.

§ 8. *Successions.* — *Donations.*

I. — La Femme *in manu* succédait à son mari, nous l'avons vu, concurremment avec ses propres enfants. Hors de la *manus* elle reste étrangère à sa succession, et il faut, dans ce cas, que le préteur lui accorde la possession de biens *unde vir et uxor* pour qu'elle puisse lui succéder à défaut de parents. De même, étrangère à ses enfants, elle fut appelée d'abord à leur succéder à titre de *cognat*, par la possession de biens *unde cognati*. Le sénatus-consulte Tertullien la rendit régulièrement leur héritière à défaut d'enfants ou de frères ou sœurs, comme le sénatus-consulte Orphitien les appela à lui succéder.

Justinien, effaçant toutes les anciennes institutions attribua aux liens du sang leurs véritables droits (1); les prohibitions antiques sont tombées; pour succéder à ses enfants, la mère n'a plus besoin d'invoquer ce *jus trium liberorum* créé par la loi Papia Poppæa; son droit est fondé désormais sur les principes naturels proclamés par le christianisme; aussi est-ce encore celui qui la régit. La mère, qui ne pouvait être tutrice de ses propres enfants qu'en vertu d'un rescrit du prince (2), est investie légalement de leur

(1) C. Nov. 118, 127.
(2) *Feminæ tutores dari non possunt, quia id munus masculorum est; nisi a principe filiorum tutelam specialiter postulent.* D., XXVI : *De Tutelis.* Nerat., lib. III, reg.

tutelle par Justinien (1). C'est là le triomphe le plus complet des idées chrétiennes dans le droit romain.

Et cependant il ne faut pas considérer les constitutions des empereurs chrétiens comme le point de départ de l'amélioration de la condition des femmes. Sans doute, à dater de ce moment, un esprit nouveau anima la législation, propice aux liens du sang, secourable à tout ce qui est faible et petit, et la Femme fut largement favorisée par l'idée chrétienne; mais nous avons constaté bien antérieurement de nombreuses évolutions qui ont amené son affranchissement matériel et préparé son affranchissement moral. Tout se lie et s'enchaîne dans l'histoire de l'humanité; pour que le christianisme ait pu faire de la Femme la tutrice et l'héritière de ses enfants, il fallait qu'elle eût commencé par leur être tellement étrangère, qu'une réaction soit devenue nécessaire. Les constitutions des empereurs furent la préparation du droit de Justinien (2).

II. — Dès l'année 550 U. R., la loi Cincia, dont les dispositions étaient générales, il est vrai, mais qu'on peut regarder, de même que la loi Furia, *Testamentaria*, et la loi Voconia, comme surtout dirigées contre l'envahissement des femmes, la loi Cincia, avait posé certaines limites aux donations faites aux femmes en général. La loi Papia Poppæa, qui cherchait à remettre en faveur le mariage et la famille, avait

(1) C. Nov. 118, cap. v.
(2) C., lib. II, v, 55 : *Quando mulier tutel.*

excepté la mère de toutes les prohibitions successi‑
vement édictées contre les femmes.

Quant aux donations *entre‑vifs* entre époux, per‑
mises et possibles dans le principe, puisque dans le
mariage les deux patrimoines sont complètement sé‑
parés, elles furent bientôt prohibées par l'usage à
cause de leurs dangers (1). Les donations à cause de
mort, au contraire, sont licites (2), parce qu'elles
n'ont d'effet qu'au moment où il n'y a plus d'époux (3).
Il y a plus : conséquente avec elle‑même, la législa‑
tion qui permettait le divorce valida, dans certains
cas, les donations faites en vue même de ce divorce (4).
Rome ne refusa à la Femme aucun des bénéfices de
la position dans laquelle elle l'avait mise, et si en
principe elle n'en fit jamais une associée dans l'union
conjugale, en fait elle tendit toujours à la privilégier,
surtout à partir de l'influence chrétienne.

§ 9. Du concubinat.

Après avoir étudié la physionomie générale du
mariage, des *justæ nuptiæ*, il faut jeter un coup d'œil

(1) *Moribus apud nos receptum est, ne inter virum et uxorem donatio‑
nes valerent.* D., lib. XXIV, tit. 1. — Ulp., lib. XXXII.

(2) *Sed inter virum et uxorem mortis causa donationes receptæ sunt.*
Ibid.

(3) *Quia in hoc tempus excurrit donationis eventus quo vir et uxor esse
desinunt.* D., lib. XXIV, tit. 1. — Goï., lib. II ad Edict.

(4) *Etiam divortii causa donationes inter virum et uxorem concessæ
sunt.* Ibid.

sur le concubinat, qui est à Rome une union légale
de l'homme et de la femme (1). Le concubinat est
une conséquence de la théorie du *connubium*. D'a-
près la loi des Douze Tables, ce *connubium*, qui est
le droit de contracter un mariage licite et produisant
les effets civils, n'existe pas indistinctement entre
toute femme et tout citoyen. A l'origine, le mariage
est défendu entre le peuple et les patriciens : *Patribus
cum plebe connubium nec esto*, dit la loi, et cette
prohibition ne cesse que par la loi Canuleia, 309
U. R. (2).

Mais, outre cette prohibition politique bientôt ren-
versée, il en est d'autres qui tiennent au droit civil
lui-même et ne disparaissent qu'avec lui. Ainsi pas
de *justæ nuptiæ* avec l'esclave, l'étrangère, l'affranchie; cette dernière ne pouvait devenir l'épouse d'aucun ingénu jusqu'à la loi Papia Poppæa (3). Pour ob-
vier à l'obstacle que présentait l'absence du *connubium*, l'usage du concubinat fut introduit. Son aspect
général est celui du mariage; il ne s'en distingue que
par l'intention des parties, *sola animi destinatione* (4);
que par l'affection du mari, *solo affectu;* la dignité
de la Femme, *sola dignitate*. Mais ses effets sont bien
différents, et quant à la Femme, qui perd sa considération en l'acceptant, et quant aux enfants, qui

(1) D., lib. XXV, tit. vii : *De Concubinis*.
(2) Tit. Liv., IV, 1.
(3) Laferrière, *Hist. du Droit civil de Rome*, t. 1, liv. 1, ch. 1, sect. 11, § 1, note 1.
(4) D, lib. XXV, tit. vii, 4. Paul F.

sont *enfants naturels* et ne passent sous la puissance du père que s'il les a légitimés.

Le concubinat fut une ressource laissée par l'organisation civile de Rome à une foule de femmes exclues du giron sacré de la cité, et dont la position n'a guères préoccupé le législateur. Aussi ne voyons-nous point qu'on ait jamais créé des garanties pour une union qui cependant était consacrée par la loi (1). Il est à présumer que les mœurs, plus équitables que les lois, couvrirent la concubine de la protection qui lui était due. Du reste, le christianisme vint battre en brèche la pratique du concubinat, qui n'eut plus de raison d'être lorsque le *connubium* devint presque illimité par suite de l'extension des droits de cité par Caracalla et de l'abolition des empêchements de rang et de condition par Justinien (2). Il avait été officiellement supprimé par une constitution de l'empereur Léon le Philosophe en 88 de J.-C. (3), et s'il subsista dans les mœurs, ce fut à l'état latent et non plus comme pratique légale.

§ 10. *Tutelle des femmes.*

Il est à Rome une institution dont l'étude serait à elle seule l'histoire de l'état de la femme et du pro-

(1) D., lib. XXV, tit. VII : *De Concubinis. — Nam quia concubinatum per leges Juliam et Papiam nomen assumpsit extra legis pœnam est, ut et Marcellus, lib. VII Digestorum, scripsit.*

(2) Nov. 117, c. VI.

(3) C. Leon., const. 91.

gressif développement de sa condition : c'est la tutelle. Dans le droit strict, la Femme ne s'appartient jamais; dès qu'elle est *sui juris* par la mort de ses ascendants ou de son époux, elle tombe sous la tutelle de ses agnats, et ce n'est point là un joug léger. A l'époque où cette tutelle, tombée en désuétude, ne conserve plus de force que lorsqu'elle est exercée par un patron ou un ascendant émancipateur, Gaius nous la montre emportant encore pour la Femme l'impossibilité d'aliéner les choses *mancipi*, de s'obliger personnellement, de tester sans le consentement de son tuteur (1). Le prétexte de cette perpétuelle enfance dans laquelle le droit veut retenir la Femme, c'est toujours sa soi-disante légèreté (2). Son motif, c'est l'intérêt de cette famille civile dont elle ne sera jamais un membre, mais un instrument, et qui a le droit de conserver intact pour elle le patrimoine dont la Femme n'a pour ainsi dire que la jouissance. La tutelle primitive n'est pas sans analogie d'idées et de résultats avec le régime dotal, qui vint, quatre siècles plus tard, prohiber, lui aussi, l'aliénation et l'hypothèque des biens de la Femme au bénéfice d'une famille qui n'est plus, il est vrai, la famille civile, mais qui n'en profite pas moins de l'incapacité infligée à la Femme.

La tutelle céda aux premiers progrès de l'émancipation. Le père et le mari avaient le droit de dési-

(1) Gaï., I, 192.
(2) Gaï., I, 144 : *Veteres voluerunt feminas etiam si perfectæ ætatis sint propter animi levitatem in tutela esse.*

guer par leur testament un tuteur à leur fille ou à
leur femme en puissance ; le mari pouvait même
donner à son épouse le choix d'un tuteur, *tutoris op-
tio* (1). Cette faculté, jointe à l'usage de la *coemptio*
fiduciaire qui libérait la fille de la tutelle des agnats
paternels, allégea le joug dès l'origine , et bientôt la
Femme n'eut plus que des tuteurs à sa dévotion (2).
Cependant la tutelle subsista longtemps encore en
principe ; la loi Papia Poppæa, propice à la maternité,
en libéra l'ingénue qui eut trois enfants et l'affranchie qui en eut quatre (3) ; mais la tutelle légitime
des agnats ne fut supprimée que par la loi Claudia,
en 978 de Rome, qui consacra néanmoins celle des
ascendants et des patrons, tombée ell-même en désuétude sous Justinien, qui ne s'occupe plus que de
la tutelle des impubères.

(1) Gaï., I, 150.
(2) *Mulieres omnes propter infirmitatem consilii, majores in potestate
virorum esse voluerunt ; hi (jurisconsulti) invenerunt genera tutorum quæ
potestate mulierum continerentur.* Cic., *pro Murena,* 12.
(3) Gaï., I, 194.

CHAPITRE SECOND.

LA FEMME HORS DE LA CITÉ.

Sous le droit primitif et formaliste des Douze Tables, tout ce qui n'est pas compris dans la cité n'a pas d'existence propre, légale. Il semble que, comme il n'y a pas de droit civil possible pour tout ce qui est en dehors du *jus Quiritium*, il n'y ait rien à étudier en dehors de la cité. Mais, à côté des faits légaux du droit strict, il se produisait à Rome des faits auxquels il était pourvu (et ce fut là la grande intelligence de Rome et la cause de la perfection qu'atteignit sa législation) par des lois contingentes, variables, dont il nous est resté quelques traces. C'est ainsi que fut réglée la condition de cette population d'esclaves, d'affranchies, d'étrangères qui encombrent Rome aux jours de sa prospérité, et se trouvent, comme la citoyenne et souvent bien plus qu'elle, douées de tout ce qui fait la Femme forte et puissante devant l'homme, grande et respectée dans la société. Et quand le souffle artistique et littéraire s'étend sur Rome victorieuse et dominante, fatal pour ses mœurs, mais bienfaisant pour son génie et ses institutions, qui pourra dire quelle fut alors l'action sociale de cette étrangère habile à toutes les délicatesses de la Grèce civilisée, qui vient, esclave convoitée ou visiteuse adulée, émerveiller l'inculte citoyen? C'est d'elle peut-être que la grave matrone étonnée a appris qu'une parturition perpétuelle pourrait bien n'être pas son unique destinée, tandis que l'esclave et l'affranchie lui enseignent les notions du droit naturel qui les régit. Ce fut en effet par cette classe de femmes que s'introduisit ce droit des gens dont l'équité finira par triompher du droit strict et amener l'émancipation générale. Il sera donc intéressant d'examiner la condition des femmes qui se trouvent en dehors de la cité et d'en suivre les phases diverses. Ce chapitre sera court, parce que les manifestations de l'existence de tout ce qui ne tient pas à la cité ne sont parvenues jusqu'à nous qu'en nombre fort restreint, et que d'ailleurs notre attention a dû se porter surtout sur la citoyenne.

SECTION I.

L'ESCLAVE. — *ANCILLA*.

La Femme devient esclave par le droit de conquête lorsqu'elle est emmenée captive et vendue comme telle, par sa naissance quand sa mère est esclave, et enfin en vertu de la loi, lorsque, libre et ingénue, elle s'abandonne sciemment à l'esclave d'autrui. Cette disposition, étrangère aux temps de la république, fut introduite par le sénatus-consulte Claudien, porté sous l'empereur Claude; elle est certainement l'indice d'une grande dépravation de mœurs, à laquelle il fallut un remède énergique. Après trois sommations formelles de cesser ses relations, la Femme était adjugée avec tous ses biens au maître dont elle débauchait l'esclave (1). Le sénatus-consulte Claudien fut aboli par Justinien (2).

Pour se faire une idée de la véritable position de l'esclave dans la famille romaine, il faut se bien pénétrer à la fois de l'organisation de la société, de celle de la famille, et des nécessités pratiques de la vie. A Rome, hors de la liberté point de salut; l'*ancilla* fait partie du patrimoine de son maître: c'est une chose *mancipi*. Le terme générique appliqué aux esclaves dans la langue du droit est le même: ce sont des *mancipia*. Le droit primitif, c'est la négation absolue de l'individualité humaine chez l'esclave, droit modifié par l'humeur et les instincts du maître et adouci chaque jour par le progrès de la civilisation.

La Femme esclave, en droit strict, n'a pas de famille, pas d'époux, pas d'enfants; son union n'est qu'un simple *contubernium* réduit à une cohabitation brutale, sans règles, sans effets. Si d'aventure elle est

(1) D., lib. I, tit. xxii.
(2) Inst., lib. III, tit. xii, § 1.

distinguée par son maître, elle sert à ses plaisirs, assouvit sa passion, sans refus, sans compensation possible, et tant que l'affranchissement ne l'aura pas tirée du rang des esclaves, elle ne pourra pas même être sa concubine.

Soumise à la torture par la loi quand son maître est compromis (1), elle est constamment sous le coup de châtiments arbitraires de sa part, châtiments qui vont jusqu'à la mort. Car M. Laferrière nous semble aller trop loin lorsqu'à propos des lois de Constantin, lois spéciales et inspirées par le christianisme, il avance (2) qu'il y avait, en droit romain, interdiction générale de tuer les esclaves; le § 52, c. 1 de Gaius, qu'il cite, énonce précisément le principe opposé, et le § 58 énumère les restrictions qui y furent postérieurement apportées.

L'esclave n'a rien en propre; mais l'usage, fondé sur la tolérance du maître, institua le *pécule*, qui, lui permettant de posséder, à titre précaire il est vrai, fut la source de l'adoucissement de sa condition. L'*ancilla* eut un pécule (3); et si elle est tisseuse habile ou couturière en renom, sa position ne sera point mauvaise, car l'intérêt du maître lui assure un pécule proportionné à ses gains.

Le sort des esclaves s'améliora même avant le christianisme; vers 870 de Rome, l'empereur Adrien

---

(1)   *Ancillas dedo : quo lubet cruciatu per me exquire.*
                     Ter., *Hecyra*, act. IV, sc. 1.
(2) *Hist. du Droit civil de Rome*, t. II, liv. III, ch. VI.
(3) D., lib. XV, tit. 1.

punit déjà les traitements cruels exercés sur eux (1).
Son successeur Antonin déclare homicide le maître
qui tue son esclave. Enfin Constantin, confirmant
ces dispositions, n'autorise que des châtiments mo-
dérés (2). Ce fut ce prince qui le premier consacra
les liens de la famille servile en défendant de séparer
les proches parents, faveur spéciale aux esclaves rus-
tiques, *mancipia rustica*, qui prépare la transition de
l'esclavage à la servitude de la glèbe. Le maître voit
restreindre ses droits, mais la terre en acquiert sur
l'esclave qui la cultive; seulement, à partir des lois
de Constantin, le serf de la terre a des droits, une
autonomie, une famille, et n'est déjà plus le *manci-
pium* romain.

La Femme esclave est tellement une chose, que son
maître peut à son gré la prostituer; le trafic de sa
beauté est un gain licite pour lui, une manière
comme une autre de faire valoir sa chose, et, pour
trouver une modification à ce droit absolu, il faut
arriver jusqu'au christianisme, jusqu'à Justinien, qui
défend de prostituer l'esclave vendue sous condition
qu'elle ne le serait pas, et ordonne qu'en cas de con-
travention à cette loi du contrat, elle deviendra
libre (3).

La loi romaine, on le voit, même sous l'impulsion
du christianisme, fit peu de chose pour l'esclave;

---

(1) *Divus etiam Adrianus Umbricium quemdam matronam in quin-
quennium relegavit, quod ex levissimis causis ancillas atrocissime trac-
tasset.* D., I, vi, 2. — Ulp. F.

(2) Cod., IX, 14.

(3) C., VII, vi, 3 à 12.

mais les mœurs lui furent plus propices : les affran-
chissements s'augmentaient avec le nombre des esclaves, tellement que, sous Auguste, les lois Ælia Sentia et Furia Caninia durent y mettre des bornes ; la
transition de l'esclavage à la liberté se prépare par
l'affranchissement.

SECTION II.

L'AFFRANCHIE. — *LIBERTA.*

1. — L'affranchie, quand elle entre dans la cité, s'y
trouve isolée, sans famille, sans liens civils. Aussi la
loi la rattache-t-elle à la famille de son patron, dont
elle prend le nom, dont elle devient la cliente, et qui
est son héritier naturel.

A l'origine de Rome, alors que l'organisation sociale était plus simple, l'affranchissement donnait
toujours le droit de cité. La loi Ælia Sentia (757 U. R.)
imposa à son acquisition des conditions nouvelles et
créa les déditices, et la loi Julia Norbana créa quelques années plus tard les affranchis latins juniens ;
mais ce ne furent pas là les modifications les plus
graves de la condition de l'affranchie. Dans le principe, elle n'eut point le *connubium* avec l'ingénu ; elle
ne l'acquit qu'en vertu de la loi Julia, *De Marit ord.*,
et de la loi Papia Poppæa, qui la remplace. L'affranchie devient une légitime épouse dans la république
épuisée ; elle est placée au rang de l'ingénue, et si le

mariage lui est encore interdit avec un époux placé au faîte des dignités, ce n'est plus là qu'une exception, et la règle pour elle, c'est le libre *connubium* avec tous les citoyens. Justinien renverse enfin, au nom du christianisme, tous les obstacles mis à son union soit avec les ingénus, soit avec les dignitaires de l'empire (1).

Le patron eut toujours le droit de faire de son affranchie une épouse légitime ; seulement elle devra y consentir (2). A part cela, la loi prend des précautions pour assurer l'exécution de sa volonté ; et l'affranchie destinée à devenir l'épouse de son patron ne peut se marier à nul autre, à moins que le patron n'ait renoncé à l'épouser (3). Elle n'a pas le droit de divorcer (4), car elle frustrerait par là son patron, qui n'a entendu l'affranchir que pour lui. Du reste, en l'épousant, elle se trouve dégagée des services qui lui sont dus, et qu'elle serait obligée de racheter sans cette circonstance (5).

II. — D'après la loi des Douze Tables, l'affranchie, si elle n'avait pas d'héritiers siens, pouvait du moins tester librement ; la législation prétorienne lui enleva

---

(1) Nov. 117, c. VI.

(2) *Invitam libertam, uxorem ducere patronus non potest.* D., lib. XL, tit. II, 1°.

(3) *Matrimonii causa ancilla manumissa a nullo alio uxor duci potest, quam a quo manumissa est, nisi patronus matrimonio ejus renuntiaverit.* D., lib. XXIII, tit. II. — Licin. Rufin., lib. I, reg.

(4) *Ait lex Julia : Divortii faciendi potestas libertæ quæ nupta est patrono, nec esto.* Ibid.

(5) Gaï., III, 49 et s.

ce droit en accordant au patron et à ses enfants la possession de biens *contra tabulas* (1). La loi Papia Poppœa étendit cette faveur à la patronne mère d'un certain nombre d'enfants, et le passage où Gaius explique les règles de cette succession est remarquable en ce qu'il nous montre l'affranchie, patronne à son tour, jouissant des priviléges de la loi Papia tout comme l'ingénue, quoique sous des conditions quelque peu différentes (2). Avant cette loi, l'affranchie ne pouvait, nous l'avons vu, tester sans l'autorisation de son patron, autrement son testament était rescindé par le préteur; mourait-elle *ab intestat*, ses enfants ne lui succédaient pas, car la Femme, qui est à elle seule le commencement et la fin de sa famille, *mulier autem familiæ suæ, et caput et finis est*, n'a jamais d'héritiers siens; mais, à partir de la loi Papia, sa fécondité l'émancipe; mère de quatre enfants, elle échappe au patron, elle et ses biens.

Sous le droit de Justinien, les anciens priviléges du patronage sont bien près de disparaître complètement. L'affranchie qui se marie de l'aveu de son patron cesse par cela même de lui devoir ses services (3); il en est de même si elle se marie en vertu du droit, *jure*. La législation tend à effacer de plus en plus toute nuance entre l'affranchie et l'ingénue; le christianisme, qui n'admet pas que les distinctions

(1) Gaï., III, 49 et s.
(2) Gaï., III, 50.
(3) *Libertæ quæ voluntate patroni aut jure nuptæ sunt, non coguntur officium patronis suis præstare.* C., lib. VI, tit. VI, 2.

sociales se reflètent dans la vie privée, nivèle ces deux conditions; d'ailleurs il aura bien assez de personnalités à démêler quand il se trouvera aux prises avec les lois barbares côtoyant la loi romaine ou se mêlant à elle dans une certaine mesure.

SECTION III.

L'ÉTRANGÈRE. — *HOSPITA.*

I. — La présence à Rome de l'étrangère libre ne dut être pendant longtemps qu'une anomalie dont les lois n'avaient pas à se préoccuper; aussi, quand les relations sociales agrandies mirent l'étrangère dans le cas d'avoir des droits à faire valoir, elle se trouva en face de l'anathème politique formulé par la loi des Douze Tables : *Adversus hostem æterna auctoritas esto.*

Rome augmentait le nombre de ses citoyens à mesure que grandissait sa puissance; mais les différentes lois qui, depuis la loi Apuleia, *De Coloniis,* jusqu'à Jules-César (1), accordèrent le droit de cité romaine, ne le firent que collectivement; les empereurs s'arrogèrent les premiers le droit d'accorder la cité par rescrit à un particulier. Quand la femme étrangère était *naturalisée,* comme on dirait aujourd'hui,

(1) Loi Apuleia, *De Coloniis,* 653. — Loi Julia, *De Civitate,* 663. — Loi Plautia Papiria, 664. — Loi Gellia Cornelia, 681.

sa position devenait celle de la Romaine; mais longtemps elle ne put pas l'être, et jusqu'à la création du
prætor peregrinus, elle fut obligée de passer par la
clientèle et d'emprunter à son patron une personne
juridique romaine; si elle n'en a pas, elle se trouve
sans appui, elle peut être impunément chassée de la
ville (1).

II. — L'étrangère ne sera jamais une épouse légitime; elle n'a pas le *connubium* avec le citoyen romain; ses enfants suivront sa condition (2), car ils
ne peuvent point passer sous la puissance du père.
Elle peut tester sans doute, suivant les lois de son
pays, sauf les droits du patron dans la clientèle duquel elle se trouve, droits dont nous apercevons la
trace certaine dans Cicéron (*De Orat.*, I, 39), et dont
la raison d'être se trouve dans la protection et les
soins dont le patron entourait son client.

Étrangère, affranchie ou esclave, chacune a son
rôle dans l'histoire de la Femme à Rome et vient
apporter sa pierre à l'édifice de sa liberté. L'esclave
est l'instrument de ce luxe délicat et raffiné dont elle
s'entoure pour subjuguer le citoyen; l'affranchie, qui
rapproche et fusionne les races, bat en brèche le droit
civil hostile à la Femme, et concourt à la prépondérance du droit naturel, dans lequel elle retrouve sa
véritable place.

L'étrangère que Rome dut attirer à elle au temps

(1)   ... *Tum hæc sola est mulier; dictum ac factum invenerit
Aliquam causam quamobrem eam ejiciat oppido.*
                              Terent., *Andria*, act. II, sc. IV.

(2) Gaï., I, 67; II, 142-143.

de sa puissance et de sa splendeur, exerce sur la civilisation romaine une action analogue à celle de l'affranchie. Grâce à elle, le mot *hostis*, qui, à l'époque des Douze Tables, confondait dans une même inimitié l'étranger et l'ennemi, a restreint sa signification pour ne plus s'appliquer qu'à l'adversaire armé ; une nouvelle expression a été créée, *peregrinus*, qui désigne spécialement cette fois l'étranger. Et cet étranger a pris non seulement tant d'importance, mais encore une telle valeur dans la cité, qu'on a institué pour lui le *prætor peregrinus*. Cette magistrature, élevée aux plus vraies notions de l'équité par le contact de ces législations opposées et par la nécessité de les concilier ensemble, finit par réagir à son tour sur le droit strict, qu'elle humanise et perfectionne au point d'en faire la raison écrite. A la Femme doit revenir une large part de ce progrès social, car c'est elle surtout qui opère avec le plus de puissance la réunion intime des éléments divers d'une société par le mélange du sang et la fusion des intérêts.

SECONDE PARTIE.

LA FEMME FRANÇAISE.

———

Si la dénomination de *Femme française*, qui nous
sert de titre, a aujourd'hui un sens clair et précis, ce
ne fut du moins qu'à partir de la rédaction de notre
code civil. En effet, du moment où les hordes germaniques s'implantent dans la Gaule, et, disséminées
çà et là, vivent confondues avec les débris gaulois et
romains, chacun s'abritant sous sa coutume ou sous
sa loi ; pendant l'inextricable chaos qui constitue l'é-
poque féodale, et jusque dans les plus beaux siècles
de la monarchie absolue, la condition de la Femme
présente une effrayante diversité.

A l'époque où les lois sont personnelles, elle est gauloise, romaine ou barbare, et chaque nationalité
change sa position, régie qu'elle sera par des lois différentes. Et quand les lois seront devenues territo-

riales, ce sera bien autre chose : outre la grande distinction de la Femme dotale du Midi et de la Femme
commune en biens du Nord, on trouvera parmi ces
dernières autant de conditions particulières qu'il y
aura de petits pays ayant conquis, par le fait des circonstances, une autonomie propre. Puis, au Nord
comme au Midi, depuis les premiers siècles de la
Gaule jusqu'à notre révolution, les femmes se présentent avec des distinctions de castes qui se réflé-
chissent dans leur état légal : la Femme est d'abord
prêtresse, noble, ou simplement libre (1) ; plus tard,
elle devient noble, roturière ou *vilaine*, et jusqu'en
1789, noble, bourgeoise et femme du peuple usè-
rent de droits différents.

Sans étudier séparément et à fond chacun de ces
types, ce que ne nous permettent pas les bornes de
notre travail, nous nous efforcerons de fixer les traits
principaux qui les caractérisent et doivent servir à
la justification de notre thèse : *amélioration progres-*
sive de la condition des femmes. Commencée et pré-
parée par l'émancipation matérielle de la Romaine,
soutenue par l'émancipation morale de la chrétienne,
continuée par l'apparition du principe nouveau d'association et d'égalité introduit par l'élément celte et
germanique, cette amélioration, mûrie par la fusion
sur le sol gaulois de tous ces principes différents entre eux et tendant néanmoins au même résultat, fut
proclamée enfin, sinon totalement réalisée, par nos lois
modernes. Nous chercherons à établir que le progrès

(1) Cæs., *Comm.*, VI, 13.

relatif à la Femme s'est opéré comme s'opère inva-
riablement tout progrès dans l'humanité, c'est-à-dire
avec unité et continuité, malgré la diversité des lieux
et des temps.

Que de siècles la Femme, écrasée sous la réproba-
tion de sa faute première, a mis à se réhabiliter et à
reconquérir cette primordiale égalité dont nous la
voyons jouir au moment où la Genèse nous la montre
créée compagne de l'homme, chair de sa chair, os de
ses os ! Aux approches du christianisme qui va relever
la Femme de sa longue déchéance, Rome lui a préparé les voies dans la sphère de ses propres principes,
par suite d'une réaction dont nous avons exposé les
phases; elle l'a affranchie de cette domination sous
laquelle l'homme la tint asservie pendant les temps
antiques; elle lui a donné tout ce dont elle pouvait
disposer en la dotant de la liberté et des biens matériels. Le christianisme, pour la réhabiliter, en a
fait l'instrument du salut comme elle avait été l'instrument de la perte; mais il ramènera dans de justes
limites son émancipation poussée à l'excès par la
civilisation corruptrice de Rome, et pour y parvenir,
il s'appuie à la fois sur sa propre morale et sur les
mœurs pures et austères des Barbares, qui, tout en
faisant de la Femme leur véritable compagne, ne l'ont
point affranchie du joug de l'autorité domestique.

C'est la Gaule, la France future, qui est la terre
privilégiée où, laborieusement élaborée pendant douze
siècles, l'émancipation de la Femme sera consacrée
en même temps que les grands principes des sociétés
modernes.

6

Quelle curieuse étude à faire, pour qui osera la
tenter, que celle des évolutions de la condition sociale des femmes durant cette époque de ténébreuse
assimilation qui fut le moyen-âge ! Rechercher, en
scrutant les mœurs et les lois, jusqu'à quel point se
conserva, dans les villes municipales de la Gaule, la
physionomie indépendante de la Femme romaine et
dotale; dire quel rôle et quelle position fit à la Femme
l'esprit de violence et de brutalité qui règne à l'origine de la féodalité ; suivre la révolution qui s'opère
en sa faveur à l'époque de la chevalerie; en préciser
les conséquences légales; étudier enfin l'espèce de réaction qui s'élève contre elle au moment de la renaissance du droit romain, alors que les jurisconsultes, subjugués par les idées antiques, lui lan-
cent la vieille accusation de légèreté : *Propter animi
levitatem*, et que l'Eglise, imbue, elle aussi, des idées
romaines, semble disposée à faire encore peser sur
elle l'antique malédiction ; montrer comment ces
tendances singulières n'entravèrent point les progrès
de l'influence de la Femme, ni l'amélioration de sa
condition, parce qu'au fond le droit romain comme
les principes coutumiers, l'esprit du christianisme
comme l'esprit littéraire et artistique, ont pour elle
d'égales faveurs, quoique à titres différents : ce sont là
sans doute autant de programmes qu'au point de vue
de l'intelligence de nos institutions, il serait intéressant
de remplir par une étude approfondie. Pour nous,
réduit à une rapide vue d'ensemble, nous tâcherons
pourtant de suivre dans notre travail l'ordre d'idées
que nous venons d'indiquer.

CHAPITRE PREMIER.

LA FILLE DANS LA FAMILLE.

————

SECTION I.

SA POSITION PERSONNELLE.

Nous commençons l'histoire de la Femme, en droit français, vers le v⁰ siècle, à l'époque où les éléments germaniques qui ont envahi la Gaule s'y sont assis d'une manière stable et se sont manifestés par la rédaction de divers corps de lois. Si nous laissons de côté la période gallo-romaine, c'est que, malgré l'intérêt qu'il y aurait à rechercher comment le droit romain s'est assimilé et uni aux usages celtiques, au fond ce serait encore l'étude du droit romain, tandis que nous cherchons surtout, à présent, à dégager les principes nouveaux apportés par les peuples du Nord. Nous recueillerons toutefois avec soin les vestiges du droit celtique qui sont venus jusqu'à nous, parce que nous ne doutons pas qu'ils n'aient eu leur part d'influence sur le progrès de la condition de la Femme.

§ 1. Du mundium.

I. — La famille, chez les peuples germaniques qui envahissaient la Gaule au v° siècle, repose comme chez les Gaulois, du reste, sur la base naturelle des liens du sang. La fille est soumise au pouvoir du chef de famille; ce pouvoir, c'est le *mundium*, qui renferme à la fois la protection nécessaire à la Femme dans une société inculte et barbare, et la compensation de ce devoir, qui peut être une lourde charge. Si le père donne sa fille en mariage, l'époux devra lui payer le prix du *mundium*, qui désormais lui appartiendra à lui et aux siens. Si le père est mort, le *mundium* appartient aux plus proches parents mâles, avec la charge de pourvoir à la défense de la Femme qu'ils ont sous leur garde. Et si la vierge est enlevée par un ravisseur (1), celui-ci devra payer à ceux qui avaient le *mundium* sur elle une composition qui variera selon les circonstances.

Le *mundium* est une espèce de tutelle qui se perpétue pour la Femme, alors même qu'elle a atteint sa majorité; mais cette tutelle, toute de protection, n'a pas un caractère absolu : ainsi la fille qui se trouve, à défaut de parents pour la protéger, dans le *mundium* du roi, *in verbo regis*, comme disent les

(1) *Si quis filiam alterius non desponsatam acceperit sibi uxorem, et pater ejus eam requirit, reddat eam et cum quadraginta solidis componat.* Lex Ripuar., c. LIV.

textes, ne pourra point être mariée malgré elle, et l'édit de Clotaire de 560, chap. vii, déclare nulles les autorisations royales obtenues pour épouser des filles ou des veuves contre leur gré (1). A l'époque où l'influence du christianisme a grandi, la fille majeure a la pleine liberté de se faire religieuse malgré le *mundium* auquel elle est soumise, preuve évidente que ce *mundium* n'est bien qu'un droit de protection qui s'évanouira sans résistance dès que la Femme ira se mettre à l'abri de la religion.

II. — Les lois barbares, presque exclusivement pénales, règlent les *compositions* dues en cas de meurtre, coups ou injures, en raison de l'importance qu'elles attachent à chaque condition. Dans les unes, c'est l'idée romaine qui a prévalu, et le meurtre de la Femme propre à la maternité est puni de la composition la plus élevée : telle est la loi des Francs (a). Dans les autres, une influence nouvelle se fait sentir, et le *wehrgeld* de la vierge est supérieur à celui de la mère (3).

Les Germains avaient la Femme en singulière estime; ils lui reconnaissaient un don naturel de prévoyante inspiration. *Inesse quin etiam sanctum aliquid et providum putant, nec aut consilia earum adspernantur, aut responsa negligunt,* dit Tacite; ils écoutaient ses conseils, et la vierge était entourée pour eux d'une auréole de pudeur (4). Ce caractère

(1) M. Pardessus, *Loi salique*, dissert. 13e.
(2) Lex Sal., XXVIII, 9, 2°.
(3) Lex Saxonum, II, 12.
(4) Tac., *De More Germ.*, viii, xix : *Ergo septæ pudicitia agunt...*

primitif d'estime, de considération suit la Femme
germaine dans la rédaction des lois barbares, qui,
faites pour répondre aux besoins les plus urgents,
renferment, malgré leurs préoccupations et leurs la-
cunes, des dispositions qui témoignent de la sollici-
tude que leur inspire la Femme (1).

III. — Chez les Celtes, primitifs habitants de la
Gaule, l'esprit de famille était vivace ; le pouvoir du
père sur ses enfants y était absolu ; mais la condition
de la Femme fut adoucie, comme chez les Germains,
par la considération dont elle était entourée, plus
peut-être dans le fond que dans la forme, considération dont nous trouvons la preuve dans cet usage attesté par César à propos du mariage, qui attribuait à
la Femme des droits complètement égaux à ceux du
mari lors de la dissolution de leur union, et dans son
association aux mystères de la religion (2), association qui n'est point seulement passive, comme celle
de la vestale à Rome, mais qui lui assure une large
part d'influence et de vénération.

Quand va s'ouvrir l'époque féodale, la position de

(1) Lex Ripuar., c. xiii : *Si quis puellam Ripuariam interfecerit, du-
centis solidis culpabilis judicetur. Aut si negaverit cum duodecim juret.*
— Lex Alaman., c. lviii, 1 : *Si qua libera femina virgo vadit in itinere
suo inter duas villas, et obviabit eam aliquis, et per raptum denudat caput
ejus, cum sex solidis componat. Et si ejus vestimenta levaverit ut usque ad
genicula denudat, cum sex solidis componat. Et si eam denudaverit ut usque genitalia ejus appareant, vel posteriora, cum duodecim solidis componat.* — 2. *Si autem cum ea fornicaverit, cum voluntate ejus, componat
solidos quadraginta.* — 3. *Si autem mulieri hæc fecerit, omnia dupliciter
componat, sicut antea diximus de virgine.*
(2) Laferrière, *Hist. du Droit civil*, t. II, p. 34.

la Femme est déterminée par le *mundium*, qui la tient sous la tutelle de son père ou de ses parents mâles, tutelle toute de protection, qui se plie bien vite à l'impulsion chrétienne; par le *wehrgeld*, qui punit sa mort d'une composition égale à celle qu'exige le meurtre d'un Franc (1), et même, selon les lois, bien plus considérable parfois (2); enfin par les dispositions qui protégent sa personne et même ses biens contre la grossière brutalité de l'époque (3) : voilà pour l'élément germanique. Il semble en résulter que la condition de la Femme, malgré la barbarie des mœurs et des formes, est en principe fondée sur une considération et une communauté d'intérêts et d'existence attestées par la préoccupation même des lois. Nous ne saurions voir dans la tutelle germanique cet abus qui, dans la plupart des sociétés, confisque la personnalité de la Femme au profit des mâles; le *mundium* n'est point la consécration des droits du plus fort, c'est une juste indemnité de la charge qui incombe au chef de famille de protéger les membres les plus faibles de l'agrégation, et nous ne voyons pas qu'il entraîne aucune des conséquences de la *manus*

---

(1) *Si quis femina ingenua... occiderit, post quod infantes non potuit habere, qui eam occiderit* VIIIM *dinarios, qui faciunt solidos* CC *culpabilis judicetur.* Lex Sal., c. XXIV, 7.

(2) *Si quis femina ingenua et gravida trabaterit, si moritur,* XXIIIM *dinarios, qui faciunt solidos* DCCC *culpabilis judicetur.* Ibid., III.

(3) *Si quis cum ingenua puella per virtutem mechatus fuerit...... solidos* LXIII *culpabilis judicetur.* Ibid., c. XXV, 1. — *Si quis feminam ingenuam colapho percusserit, sic ut sanguis non exeat, solvat solidos duos. Si lida fuerit, solvat solidum unum et tremissem. Si ancilla fuerit, solvat solidum unum.* Lex Alaman., c. XCV, 1.

romaine. Quoi qu'il en soit, l'influence de l'Eglise, prépondérante dans la société d'alors, et qu'on voit partout prendre la Femme sous son efficace protection, contribua encore à adoucir sa position, à relever sa dignité (1), tandis que le droit romain offrait dans la Femme dotale et libre l'exemple de sa complète émancipation quant aux biens.

A cette époque, la fille ne peut contracter un mariage légitime sans l'autorisation de son père; quoique la nécessité de cette autorisation ne soit nulle part écrite dans les lois barbares, elle y est constamment supposée par leurs dispositions sur le rapt (2). Mais, lorsqu'elle est majeure, elle peut s'adresser au magistrat pour vaincre la résistance de son *manbour* à l'y autoriser (3).

§ 2. Féodalité. — Garde noble et bourgeoise.

1. — Nul progrès ne s'accomplit d'un seul jet; entre le début et le perfectionnement d'une amélio-

---

(1) Ginoulhiac, *Hist. du Régime dotal*, p. 79. — Carol. Magn., Capit. Francof., 2, 6 : ... *Puellæ quæ a parentibus privatæ fuerint, sub episcoporum et presbyterorum providentia gravioribus feminis commendentur, sicut canonica docet auctoritas.*

(2) Lex Alaman., c. LIV. — Capit. Carol. Magn., lib. VII, c. III : *Si quis filiam rapuerit, vel furatus fuerit aut seduxerit, nunquam eam legitimam uxorem habere possit.* — Conc. Orlian., can. 22 : *Conjugium quod contra parentum voluntatem impie copulatur, velut captivitas judicetur, sed sicut prohibitum est non admittatur.*

(3) Pardessus, *Loi salique*, dissert. 13ᵉ.

ration sociale, il y a des temps d'arrêt signalés souvent par des tendances rétrogrades : le progrès de la condition des femmes ne devait pas suivre une autre marche. Vers la fin de la dynastie carlovingienne, la Femme, honorée en vertu des traditions d'estime et d'attachement que lui portaient les Barbares, poussée par les institutions romaines en vigueur autour d'elle, favorisée par le christianisme qui l'entoure d'un idéal de sentiment inconnu jusqu'alors (1), semble devoir atteindre une position dont le niveau moral serait de beaucoup au-dessus de celui de la société qui l'entoure ; mais à ce moment son essor s'arrête ; les premiers siècles de la féodalité semblent engloutir sa personnalité dans leurs ténèbres en même temps que tous les grands principes des sociétés; cependant, si la situation morale de la Femme souffrit une atteinte à ce moment, ce fut surtout dans le mariage. Le joug de la fille dans la famille ne devint pas plus dur; *la puissance du père y reste la même que dans l'époque précédente, mais moins absolue, et continuellement adoucie par les influences chrétiennes,* dit M. Laboulaye. La grossièreté qui ravale la Femme à cette époque est plutôt dans les mœurs que dans les

---

(1) *Accipe annulum fidei et dilectionis signum, atque conjugalis conjunctionis vinculum, ut non separet homo quod conjunxit Deus.*

Deus qui in mundi crescentis exordio multiplicandæ proli benedixisti, propitiare supplicationibus nostris, et huic famulo tuo et huic famulæ tuæ opem tuæ benedictionis infunde ; ut in conjugali consortio secundum beneplacitum tuum affectu compari, mente consimili, sanctitate mutua copulentur. — Bénédiction nuptiale et couronnement de Judith, fille de Charles le Chauve (856). Baluzii Op., t. II, p. 500.

lois, et nous trouvons, au sortir de la féodalité, la fille, quant au droit du mariage, dans une position à peu près identique à celle que lui ont faite les lois germaniques.

Le clergé, tout en favorisant la Femme, a eu trop à lutter contre les impudiques excès du moyen-âge, pour ne pas s'efforcer de restreindre plutôt que d'étendre la liberté de la Femme sous ce rapport ; aussi trouvons-nous formulée dans les documents des xvi° et xvii° siècles la défense de contracter mariage sans l'aveu des père et mère (1), défense dont la sanction se trouve dans la faculté laissée aux père et mère de punir leurs enfants par l'exhérédation.

II.—A chacune des périodes de la civilisation d'un peuple, on voit la tutelle revêtir la physionomie générale du droit contemporain. Sous la féodalité, la tutelle devient la *garde noble ;* le *mundium* s'est transformé au travers des vicissitudes qui ont changé les

(1) « Voulons que les enfants ayant contracté ou qui contracteront ci-après ces mariages clandestins, contre le gré, vouloir, consentement et déçu de leurs pères et mères, puissent... être par lesdits pères et mères exhérédés et exclus de leurs successions. » — Edit de Henri II, février 1556. Baluze.

« Déclarons, conformément aux saints décrets et constitutions canoniques, les mariages avec ceux qui ont enlevé ou ravi des veuves, fils et filles,... non valablement contractés. » — Déclaration du 26 novembre 1639, art. 3.

« Ajoutant à l'ordonnance de 1556 et à l'article 2 de celle de 1539, permettons aux pères et mères d'exhéréder leurs filles veuves, même majeures de vingt-cinq ans, lesquelles se marieront sans avoir requis par écrit leur consentement. » — Ibid., art. 2. Baluze, t. II.

lois personnelles en lois réelles ; il est devenu un privilége à raison de la qualité de la terre.

Le mineur noble est en tutelle jusqu'à vingt-cinq ans, et il a pour tuteur ou *bail* son seigneur suzerain, qui fait siens tous les fruits du fief ; et à côté de ce privilége seigneurial se place la *garde bourgeoise*, simple et vraie tutelle, à laquelle le mineur échappe dès l'âge de quatorze ans, et qui n'attribue point au tuteur la jouissance de ses biens (1). Du reste, la garde noble et la garde bourgeoise sont des droits réels appliqués surtout à raison de la qualité de la terre bien plus qu'à raison de la qualité de la personne ; aussi une fille peut être à la fois sous la garde noble quant aux fiefs ou tenures féodales dont elle hérite, et sous la garde bourgeoise ou simple tutelle quant aux censives et biens roturiers.

III. — Le père, suivant les principes germaniques et féodaux, n'avait pas le droit de donner un tuteur à sa fille ; le *mundium* n'admettait point cette liberté ; il ne permettait pas que l'ordre légal de la famille fût interverti, et l'orphelin devait nécessairement passer sous la tutelle de ses proches. Pendant le moyen-âge, le clergé battit en brèche la tutelle et la succession légale, et, comme résultat de ses efforts, nous trouvons, dès l'année 1197, une ordonnance de Philippe-Auguste qui accorde aux habitants de Bourg le droit de donner par testament un tuteur à leurs enfants.

IV. — La garde noble fut encore une institution oppressive pour la Femme ; née d'abord de la nécessité d'empêcher que les fiefs, dont l'agglomération

(1) Beaumanoir, ch. xv.

compose chaque seigneurie suzeraine, ne passent entre des mains hostiles, transformée plus tard en un
instrument de fiscalité, elle fut peut-être une des causes qui assurèrent à la fille le droit de succéder aux
fiefs paternels, auxquels elle ne pouvait prétendre d'a-
près le principe de leur concession (1); mais elle
pesa sur sa liberté, et par l'obligation où elle la mit de
se marier, et par la nécessité qu'elle lui imposa de
vois son choix ratifié par son suzerain, à moins qu'elle
ne préfère abandonner le fief (2).

Le père ne pouvait pas même marier sa fille sans le
consentement de son supérieur féodal (3) : la loi politique domine la loi civile quant il s'agit de la Femme noble ; mais comme les entraves résultant de l'organisation politique sont moins puissantes que celles des
mœurs et de la loi civile, parce que ce sont les dernières qui s'opposent au progrès, nous les verrons disparaître dès que le régime féodal se sera fondé sur la
succession, et que le principe du patrimoine, de l'hérédité du fief, l'aura emporté sur le principe de concession à charge de services.

V. — Nous avons vu que la féodalité pesa sur la
fille par la garde et le mariage, mais son action fut
loin de lui être toute contraire ; la chevalerie ramena
les esprits au respect et à la délicatesse des sentiments
qu'elle doit inspirer ; c'est incontestablement aux
mœurs de la noblesse, ainsi qu'au mouvement litté-

(1) Laboulaye, p. 253.
(2) *Assises de Jérusalem*, ch. ccxlvi.
(3) *Etablissements* de saint Louis, I, 63.

raire créé et propagé par les *troubadours* et les *trou-
vères*, qu'il faut attribuer la rénovation morale de la
Femme dès le moyen-âge. Tout concourt au progrès
dans l'humanité; et les institutions qui, considérées
en elles-mêmes, semblent lui être le plus opposées,
n'en sont souvent, dans l'ordre et dans la suite des
destinées sociales, qu'un actif et sûr instrument.

§ 3. *Principes de la législation moderne.*

Les institutions que nous venons d'énumérer si
rapidement nous permettent d'apprécier la position
de la fille dans la famille de son père et d'en signaler
en même temps les progrès. L'influence du christianisme domine les Gaules dès avant l'invasion du
ve siècle; et si nous voyons le *mundium* germanique garder un instant encore sa physionomie barbare de droit réel, principe du pouvoir absolu attribué au père sur sa fille, elle disparaît bientôt pour
faire place à la tutelle toute de protection et à la forme
symbolique du mariage, attestées par les formules
de l'époque carlovingienne. Chez les Romains, nous
voyons, dans une phase analogue de l'évolution sociale
de la Femme, la *patria potestas* se transformer en
une liberté sans frein. En France, l'influence chrétienne s'oppose à l'abus, la puissance se change en
autorité, et cette autorité reste efficace pendant un
certain temps. Cette condition sociale de la fille vis-
à-vis de la famille est l'œuvre lente et complexe du

moyen-âge, le résultat des usages féodaux, des coutumes serves et roturières, des traditions romaines et du
génie chrétien; nos lois en ont adopté les principes (1),
et à lire les dispositions qui régissent également et
la fille et le fils, soit quant au mariage, soit quant à la
puissance paternelle et à la tutelle, il semble que de
si équitables et de si simples résultats ont dû exister
de toute éternité, et l'on a de la peine à croire qu'il
ait fallu tant de siècles et tant d'efforts pour les tra-
duire du droit naturel au droit positif. Mais ne fal-
lait-il pas que le progrès de la condition de la Femme
suivît le progrès social? — et c'est en cela que l'histoire des droits de la Femme c'est presque l'histoire
de la législation d'un peuple; — et pour s'accomplir
n'avait-il pas, d'une part, à la relever de l'antique anathème, et, de l'autre, à dompter les passions brutales
de l'homme, ces deux causes qui, réunies, tinrent si
longtemps la Femme dans le néant? Heureuse notre
époque, qui a pu recueillir et proclamer les principes
élaborés au milieu des vicissitudes des générations,
à travers la chute des siècles et des empires! Il ne lui
reste qu'à être digne de ses lois et à conserver ses
mœurs au niveau de leur perfection.

(1) C. Nap., art. 148 et suiv., 371 et suiv., 388-389 et suiv.

SECTION II.

SES DROITS RÉELS.

§ 1. Droits de succession.

I. — D'après M. Laferrière (1), l'hérédité, chez les
Gaulois, n'était pas réglée par le testament, mais bien
en vertu des liens du sang; elle repose sur le principe de l'égalité, principe qui, selon lui, s'est perpétué dans la Bretagne, par l'usage de partager entre
frères les fiefs et baronies, jusqu'en 1185, époque à
laquelle l'*assise* du comte Geffroy vint, dans un intérêt tout féodal, y mettre un terme. Il ne nous apprend pas toutefois quel était le droit de la fille dans
la succession paternelle; peut-être jouit-elle d'une
égalité complète avec les descendants mâles, la simplicité d'une législation primitive égalant ainsi de
prime-saut les savants efforts de la civilisation : quoi
qu'il en soit, cherchons si nous ne trouverons pas
aussi dans le droit germanique l'origine des principes
qui ont régi le droit de succession de la fille avant
nos lois modernes.

II. — L'exclusion des femmes à la succession de
la terre salique, principe qui a régi le moyen-âge et

(1) Laferrière, *Hist. du Droit civil*, t. II, liv. II, ch. iii, sect. iii, 2.

y fut longtemps pris et employé comme une loi spéciale à la succession de la couronne, est une coutume
générale à toutes les nations germaniques (1). Elle
s'explique par ce fait que la *terre salique* ou l'alleu
était après la conquête, à l'époque où fut rédigée la loi,
l'apanage spécial du guerrier conquérant, le don du
chef au compagnon *fidèle*, et qu'il importait qu'elle
fût toujours entre les mains de l'homme, seul capa-
ble de la défendre. Ce ne fut point une pensée de
défaveur pour la Femme qui la fit créer, ce furent
uniquement les nécessités de la conquête et de l'organisation militaire. Aussi, lorsque ces motifs cesseront
d'exister, nous la verrons tomber si complètement,
que la fille succédera au fief et à tous les priviléges
féodaux qu'il comporte ; et dès qu'il ne s'agit plus de
cette *terre salique*, héritage propre et spécial du guerrier franc, en tant que guerrier et vainqueur, nous
retrouvons la Femme admise à succéder à rang égal,
et souvent même préférée aux mâles pour la succession mobilière (2). Le principe germanique d'égalité
reparait aussitôt que cessent les circonstances qui
l'ont faussé ; la fille, exclue de la succession d'un cer-

---

(1) *De terra vero Salica nulla portio hereditatis mulieri veniat, sed ad
virilem sexum tota terræ hereditas perveniat.* Lex Sal., LXII, § 6.
*Sed dum virilis sexus extiterit, femina in hereditatem aviaticam non
succedat.* Lex Ripuar., LVI, § 4.
(2) *Ornamenta quoque et vestimenta matronalia ad filias, absque ullo
fratris fratrumque consortio, pertinebunt.*
*Quod si necdum nupta puella sorores habens, de hac luce transierit...
portio ejus, post ejus mortem, ad sorores suas, remota ut dictum est, fra-
trum communione, pertineat.* Lex Burg., lib. I, § 3.

tain ordre de biens, sera privilégiée lorsqu'il s'agira de recueillir les vêtements ou les ornements de sa mère. Cependant, il faut le reconnaître, le principe romain, qui n'admettait aucune inégalité de sexes dans le partage de la succession *ab intestat,* était plus vrai que celui des Germains ; aussi le christianisme, qui le trouvera conforme à sa propre morale, s'en emparera et le fera pénétrer un instant dans les lois (1); mais l'organisation féodale sera plus forte que l'équité, plus forte que le droit romain si vivace et que l'autorité de l'Eglise elle-même ; le privilége de l'aîné, principe germanique adopté par la féodalité, restera dans les coutumes, et tiendra la fille dans une situation d'infériorité relative qui ne cessera qu'avec la révolution de 1789.

III. — C'est au commencement du XII siècle, à l'époque des croisades, que l'héritage des fiefs cesse d'être attribué exclusivement aux mâles, et devient, par suite de l'esprit nouveau de patrimonialité qui s'en empare, accessible au moins à la fille. Nous avons de ce fait une preuve irrécusable dans l'histoire : Eléonore d'Aquitaine a succédé à son père en 1137 ; mariée à Louis VII qui la répudia, elle épouse Henri de Normandie, futur roi d'Angleterre, et lui apporte de son chef le Poitou, la Saintonge et la Guyenne,

(1) Constit. de Chilpéric. — Pertz, t. II, p. 10. — Décret de Childebert (596), cap. 1 : *Ita, Deo propitiante, Antonaco kalendas martius, anno vicesimo regni nostri convenit, ut nepotes ex filio, vel ex filia, ad aviaticas res, cum avunculo vel amitas, sic venirent ad hereditatem, tanquam pater aut mater viri fuissent.*

7

possessions qui feront si longtemps la puissance des Anglais en France.

Le mouvement des croisades fut des plus favorables à la fois à la transformation de la nature des fiefs et à l'usage nouveau qui en ouvrait la succession à la Femme. Le lien féodal fut relâché par l'absence de la plupart des hauts suzerains, qui laissèrent à leurs femmes la garde de la baronie et leur déléguèrent l'exercice de leurs droits féodaux. C'est là une preuve de l'importance et de l'estime qu'à ce moment la Femme avait conquises dans la famille ; les mœurs avaient devancé les lois : aussi, dès que les circonstances lui eurent laissé l'exercice de ces devoirs féodaux qu'on la regardait comme incapable de remplir, elle devint apte à les exercer pour son propre compte.

La fille n'acquit point un droit absolu de succession ; d'abord, elle était exclue complètement du fief, qui passait aux héritiers mâles les plus éloignés (1) ; lorsqu'elle y fut appelée, ce ne fut qu'à défaut d'héritier mâle plus proche en degré qu'elle (2). C'est le principe généralement adopté en France et celui qui a passé dans la coutume de Paris (3).

(1) « Que le fils, dit la loi des Thuringes, et non la fille prenne la succession du père. Si le défunt n'a pas de fils, qu'on donne à la fille l'argent et les esclaves, mais que la terre appartienne au plus proche parent paternel. »

(2) « L'hoir mâle hérite en tous les héritages, devant l'hoir femelle, si la femelle n'appartient de plus près que l'hoir mâle à celui de par qui le fief et la seigneurie, ou l'héritage, est échu. » — *Assises de Jérusalem,* ch. CCCLXXXV.

(3) Coutume de Paris, art. 25 : « En succession ou hoirie en ligne collatérale en fief, les femelles n'héritent point avec les mâles en pareil degré. »

Le fief, une fois héréditaire, ne devait pas être divisé ; le droit d'aînesse vint donc consacrer cette unité d'hommage et de services qui, malgré l'hérédité du fief, restèrent toujours dus au seigneur. Il ne semble pas qu'à l'époque où les femmes sont admises à l'héritage du fief, elles participent généralement au droit d'aînesse ; cependant certaines coutumes et certains monuments législatifs qui leur attribuent ce droit sont du moins la preuve que, s'il ne fut pas universellement admis, il fut pourtant consacré par de nombreuses exceptions.

IV. — La fille noble ne succédant point aux fiefs en concours avec les mâles, il était de toute justice qu'elle eût une compensation quelconque ; la coutume imposa au frère l'obligation de doter sa sœur (1). Puis peu à peu, à mesure que les droits du sang l'emportent sur les idées féodales, on en vient jusqu'à accorder à la fille le tiers de la tenure féodale (2), pour laquelle elle fait hommage à son frère d'abord, puis ensuite directement au seigneur suzerain. Ce fut là le commencement du morcellement des fiefs, et partant

(1) *Etablissements* de Normandie : « Si aucun hoir a une sœur, il la la mariera de sa partie de la terre de son père ou de son châtel, à son pouvoir, raisonnablement et en parage et en tènement, si elle ne le forfait par vivre mauvaisement et luxurieusement. » — Ancienne coutume d'Artois, XI, 24. — *Etablissements* de saint Louis, I, 24.

(2) « Si l'héritage descend aux enfants où il y ait hoir mâle, l'hoir mâle emporte le chef manoir hors part, et après les deux parts de chaque fief. Et le tiers qui demeure doit être départi entre les mainsnés, également autant à l'un comme l'autre, soient frères, soient sœurs, et de leur partie ils viennent en l'hommage de leur frère aîné. » — Beaumanoir, ch. XIV.

celui de la ruine de la féodalité. La royauté se servira d'abord des femmes ainsi investies des successions féodales pour démembrer les puissants états des grands feudataires; le partage de chaque fief par les femmes en amène ensuite rapidement l'amoindrissement et la ruine.

Quand les institutions ont pénétré une société, le changement ne s'en opère point d'une manière subite et radicale, et longtemps encore après qu'elles ne semblent plus avoir de raison d'être, leur souvenir et leur influence se manifestent dans les lois et les mœurs. Lorsqu'après Louis XI la féodalité démantelée disparut sous l'unité monarchique, il semblait que le droit de la fille à un partage égal de ce patrimoine qui n'a plus à fournir de services féodaux dût se réaliser immédiat et complet. Mais de même que la tenure, quoique devenue un simple patrimoine, reste investie de priviléges nombreux, de même l'héritière noble, quoiqu'elle prétende non plus au fief, mais aux biens paternels, restera frappée de certaines incapacités. Le droit d'aînesse a surnagé au profit des mâles dans le naufrage de la féodalité; la loi du testament qui a fini par revivre, grâce aux efforts du clergé, lui sera le plus souvent hostile; la noblesse, qui a remplacé la féodalité, cherche à maintenir intact le patrimoine qui assure la perpétuité du nom et du titre. La fille est encore sacrifiée à l'aristocratie; si au moyen-âge cette dernière a contribué au progrès de sa condition, en relevant sa personnalité dégradée et avilie par la grossièreté générale des mœurs, et en l'admettant à la succession du fief avec

tous les droits qu'elle entraîne (1), ce fut tout ; elle
ne consacre pas moins la préférence des mâles et
l'infériorité de la fille. C'est à un autre élément de
la société qu'il appartient de mener plus avant le
progrès de sa condition et de préparer l'équité des
lois modernes à son égard. En effet, sous la hiérar-
chie féodale, et à côté d'elle peut-être, vivaient et
se développaient le servage et la roture, régis l'un et
l'autre par des principes bien distincts du droit féodal. Nous allons examiner quelle fut, d'après la coutume, la position de la fille serve et roturière.

§ 2. *Fille serve. — Roturière.*

I. — La diversité des conditions nées du moyen-
âge est connue ; le classement n'en peut être fait
qu'approximativement, car le même nom désignera
une position différente selon les lieux et les lois.
Cependant on peut distinguer quatre classes d'indi-
vidus en dehors de l'agrégation féodale : le serf, ce
produit du colonat romain et de l'esclavage ; le vi-

(1) La femme qui possédait le fief avait le droit de juridiction attaché
au fief ; mais de plus elle eut l'exercice personnel de la justice. Juge par
le droit de la terre, elle n'était pas obligée de déléguer ses fonctions ju-
diciaires ; elle les remplissait elle-même. La loi réelle des fiefs avait tant
d'empire sur la condition des possesseurs, qu'elle fit abstraction du sexe
pour l'exercice de la justice. Nous en puisons le précieux témoignage,
dans la première moitié du xiiie siècle, dans une lettre du roi Louis VII
de l'an 1134. — V. Duchesne, *Script.*, t. IV, pag. 752. — Laferrière,
Hist. du Droit civil, t. IV, ch. 1, sect. 11, § 4.

lain et le roturier, quoique en France leurs conditions fussent tellement rapprochées qu'elles devaient peut-être se confondre; enfin le bourgeois, dont le nom emporte une idée de complète indépendance, et qui cherchera souvent à se rapprocher des lois et usages féodaux, en délaissant ses propres institutions plus naturelles et plus vraies : tellement est puissante la vanité humaine, qui cherchera de tout temps à s'assimiler à ce qui est au-dessus d'elle, et sacrifiera pour cela et la vérité et le progrès.

La succession de la fille dans chacune de ces familles différentes de condition sociale fut régie par un droit différent.

II. — Dans le servage, triste et précaire situation qui touche de bien près à l'esclavage antique (1), la fille, comme ses frères, n'a d'autre succession que celle qu'il plaît au seigneur de lui laisser; mais quand le ténement de la terre aura été concédé à titre successif, la possession du serf se rapprochera de celle du vilain, et la fille aura un droit reconnu à la succession paternelle, mais ce droit ne sera rien autre qu'un résultat de la communauté d'existence. Le

---

(1) « Naïf n'est autre chose que serf ; et tout soit que toutes créatures dussent être franches selon la loi de nature, par constitution nequedent, et de fait des hommes, sont gens et autres créatures asservies, si comme est de *bêtes en parcs, poissons en réservoirs et oiseaux en cages.*

« Et si comme autres créatures asservies sont gardables, aussi sont serfs à l'égard de leur possession, et de ce sont dits gens serfs par divine loi, et par droit d'hommes accepté, et par droit canon confirmé... Ceux-ci ne peuvent rien pourchasser fors que à l'œps de leur seigneur; ceux-ci ne savent le vêpre de quoi ils serviront le matin, ni nulle certaineté de services. » — *The Myrror of justice.*

droit du seigneur s'est modifié dès le xii° siècle ; il se transforme en *main-morte,* tandis que le droit de succession pour le serf commence par la *communauté taisible* (1). La fille succède à son père, ou, pour mieux dire, continue avec le survivant de ses père et mère, et avec ses frères, la communauté qui reste la même, sauf un membre de moins. Seulement, comme la succession est fondée sur la communauté, la fille n'y participera qu'autant qu'elle sera en *celle,* c'est-à-dire dans la maison ; dès qu'elle en est sortie par le mariage ou autrement, elle n'a plus aucun droit. Aussi, pour parer à ce fâcheux état de choses, les gens de condition servile mariaient leurs enfants par échange, et cet usage, consacré par la coutume (2), assurait à la fille les mêmes droits de succes-

(1) « Ainsi, en ces familles et communautés, les enfants qui y naissent pour l'espoir de l'amour, et ceux qui sont en âge de vigueur pource qu'ils s'emploient aux affaires de la famille présentement, et les vieux pour la souvenance et récompense du passé, tous sont censés utiles, voire nécessaires, pour la manutention de ces communautés, et pour être membres des corps d'icelle, et pour succéder en hérédité les uns aux autres comme communs, tant qu'ils demeurent en une même famille, qui de soi-même s'entretient et conserve jusqu'à ce qu'il y ait partage par effet et dissolution expresse ; j'entends partage par effet, quand ils tiennent chacun mariage à part, et ont leur pain et leur sel à part, par an et par jour. » — Coquille sur Nivernois, *Des Bordelages,* art. 2.

(2) « Gens de condition peuvent marier leurs enfants par échange, et s'ils sont de même servitude, les enfants ainsi mariés, au bien où ils sont mariés, ont droit et succèdent au bien de celui contre qui ils sont échangés ; mais s'ils sont de diverses servitudes, ils ne peuvent acquérir aux héritages qui sont d'autre servitude que celle dont ils partent, si ce n'est de l'exprès consentement du seigneur dont est mouvant ledit héritage ; mais bien succèdent en tous meubles indifféremment par telle ou

sion dans la famille de son beau-père que ceux qu'elle aurait eus dans la sienne propre. Du reste, il est à remarquer que cette exclusion de la fille hors de *celle* est tellement peu dans l'esprit de la famille, est si bien une règle tout à l'avantage du seigneur, qu'un seul enfant resté dans la maison arrête l'exercice du droit de *main-morte* (1) au profit de tous les autres.

III. — Les successions *vilaines*, *roturières* ou *bourgeoises*, car ces trois noms désignent également un même état distinct du servage et de la noblesse, et régi par des principes d'un ordre commun, n'ont pas à se plier aux exigences féodales ; aussi la fille y prend part en raison de son degré de proximité et sans distinction de sexe ni de primogéniture. Le droit d'aînesse dans les bourgeoisies fut une importation du régime féodal opposée à l'esprit si équitable d'égalité qui en est le fondement. Dans le principe de l'émancipation, la fille succède à titre égal (2). Ce ne fut que vers le xve siècle, alors que la bourgeoisie, se sé-

telle portion qu'il est convenu entre les parties. » — Coutume de Nivernais, VIII, 31.

(1) « ... Et s'il y a plusieurs enfants mariés ou à marier hors leur *celle*, un seul enfant étant en *celle* rescout ladite main-morte pour tous les autres qui seraient hors de *celle* et y ont pareil droit que lui. » — Coutume de Troyes, art. 5.

(2) « Si villenage vient à enfants, en descendant ou en échoitte, il n'y a point d'aînesse ; ains emportent autant les mainsnés comme les aînés.

« Quand ce sont villenages, les sœurs y participent, soit qu'il y ait hoir mâle ou non, et emporte autant la sœur comme l'hoir mâle, car comment que villenages viennent, ils se départent par têtes, autant à l'un comme à l'autre, soit mâles, soit femelles » — Beaumanoir, ch. xiv.

« Et les enfants aux bourgeois et autres gens de basse condition doivent être aussi grands les uns comme les autres, tant en meubles qu'en héritages. » — Très-ancienne coutume de Bretagne, ch. cvi.

parant des *vilains*, est devenue riche et puissante, qu'elle chercha à imiter la noblesse par l'adoption du droit d'aînesse.

La fille trouva donc la réalisation de ses droits véritables dans la constitution intérieure de ces bourgeoisies qui s'arrachèrent à l'étreinte féodale à force d'énergie et de travail, et, fondées sur les plus vrais principes des sociétés, ne basèrent leur droit que sur les liens du sang et les véritables rapports sociaux. Mais là, comme à d'autres temps et dans d'autres sociétés, le progrès fut trop brusque, trop achevé pour les mœurs; la bourgeoisie, subjuguée par les principes aristocratiques qui succédèrent à l'organisation militaire du moyen-âge, rétrograda en croyant avancer. La fille roturière dotée avait le droit de venir à la succession en rapportant ce qu'elle avait reçu (1), tandis que la fille noble devait se contenter de son apanage. La bourgeoisie, devenue un ordre dans l'Etat, s'empara de ce principe; mais comme elle ne pouvait pas s'appuyer sur les motifs qui y avaient conduit la féodalité et l'y maintenaient, elle arriva au même résultat en faisant renoncer, par le contrat de mariage, la fille à la succession paternelle; et quand l'usage, une fois introduit, fut passé à l'état de règle générale, le contrat de mariage servit alors à rappeler

---

(1) « Et s'il advenait que l'un eût trop grande part, et il ne voulût retourner à l'écheoite du père et de la mère, et les autres lui demandassent : Vous avez eu trop grande part, venez frérager avec nous, et si nous faites droit retour, adonc droit donnerait que sa partie serait vue par prudhomme, et s'il avait trop eu, il leur ferait droit retour, sauf les amendements s'il les y avait mis, comme nous avons dit ci-dessus. » — *Etablissements*, ch. cxxxii.

la Femme; mais ce ne fut plus qu'une rare exception (1).

IV. — Il n'est pas possible de présenter un tableau
quelque peu complet de la condition de la Femme
en France, si l'on n'y joint l'étude de sa position dans
le Midi sous l'influence de la législation romaine.
Nous connaissons ce droit tel qu'il fut sous les empereurs; le code théodosien régissait la Gaule lors de
la conquête des Germains; mais les lois de Justinien,
promptement répandues et étudiées, surtout à la renaissance des études juridiques, devinrent enfin la
règle des pays de droit écrit; seulement, au moment
où la féodalité est toute puissante, elle modifiera dans
leur application certaines parties du droit romain qui
ne sauraient se plier à son organisation. L'esprit féodal
ne parvint pas à détruire le lien du sang, mais il modifia ses droits, et cela au moyen du testament, dont
l'usage était général dans le Midi, en vertu de la loi
romaine. M. Laboulaye cite le testament du vicomte
de Béziers, Bernard Aton, par lequel le fils aîné est
chargé de marier sa sœur (1129); celui de Guil-
laume VII, duc de Montpellier, de l'an 1172, qui,
comme le précédent, exclut totalement la fille réduite
à une simple dot (2). Les coutumes de Marseille, de
Toulouse, de Bordeaux, acceptèrent aussi et consa-
crèrent ce privilége féodal du mâle (3). Mais ce fut

(1) Laboulaye, *Recherches sur la condition des femmes*, liv. IV, tit. I,
sect. III, ch. III.
(2) Laboulaye, liv. IV, sect. IV, tit. I, ch. I.
(3) Coutume de Toulouse, p. 559. — Statuts de Marseille, II, 52. —
Ancienne coutume de Bordeaux, § 229.

là un droit propre à la société féodale ou à quelques bourgeoisies puissantes qui, aspirant à s'élever dans l'ordre social, ne pouvaient mieux faire que de s'approprier les institutions de la féodalité, qui en était la tête. A côté de cette exception, la masse de la population, qui a gardé plus de liberté que dans le Nord, est régie par les principes romains, et si la Femme y est dotale, elle y jouit du moins de ces droits naturels conquis, avec l'aide du christianisme, par l'extrême effort de la civilisation romaine.

V. — Lorsqu'en 1789 le flot des idées déborde menaçant dans le domaine des faits pour les égaliser sous son inflexible niveau, il emporte avec les autres les priviléges et les exclusions qui, malgré tous les progrès accomplis, frappaient encore la Femme d'une inique infériorité. Le changement fut radical et complet quant à la position de la fille dans la famille ; le droit d'aînesse et de masculinité fut aboli (décret des 15-28 mars 1790); les inégalités résultant de la distinction des sexes ou de la naissance de divers mariages furent supprimées (8-15 avril 1791); en un mot, les facultés personnelles et les droits réels de la fille devinrent complètement égaux à ceux du fils. Il ne semble pas que, pour le moment du moins, le progrès puisse aller plus loin sans tomber dans un excès funeste. Protégée par la tutelle jusqu'à l'âge de vingt et un ans, et au-delà dégagée de tout lien de puissance paternelle, même pour le mariage, la fille jouit légalement de la plus grande somme de liberté que puisse envier la dignité humaine. Si le législateur n'est pas allé, comme les empereurs romains, jusqu'à

forcer son père à l'établir et à la doter, c'est que le
respect dû à la liberté individuelle et à l'autorité du
père de famille ne le permet pas ; et si nos mœurs
semblent résister aux lois et la retenir sous la tutelle
paternelle ou sous la domination de sa mère bien au-
delà du terme assigné à son émancipation, c'est peut-
être que le progrès trop absolu a entraîné la loi trop
avant, et que la fille, par la nature même de son
organisation, a besoin de trouver un abri constant au
sein du foyer domestique ; ou n'est-ce pas plutôt
parce que le progrès hâtif de la législation ne nous a
pas trouvés prêts, et que nous n'avons pas encore
complètement secoué ces vieilles impressions romaines et féodales qui nous ont habitués à considérer
la Femme comme un être dont la faiblesse et l'incapacité réclament une tutelle sans fin, tandis que nous
voyons en Angleterre, par exemple, la fille jouir
d'une liberté bien compensée sans doute par la dépendance qui devient le lot de l'épouse, mais bien
plus en harmonie aussi avec le vrai développement
de la personnalité humaine ? Les lois devancent parfois
les mœurs, qui plus tard les consacrent. Il en sera
sans doute ainsi pour la position de la fille dans la
famille ; quand une éducation plus complète, plus
digne de son rôle dans la société, la pénétrant mieux
de ses droits et de ses devoirs véritables, lui aura appris à jouir des uns sans méconnaître les autres, le
progrès de sa condition dans la famille paternelle sera
bien près d'être achevé.

CHAPITRE SECOND.

LA FEMME MARIÉE.

———

Les sociétés antiques ont considéré le mariage, les unes uniquement au point de vue de la perpétuité humaine, les autres, plus avancées déjà, au point de vue plus relevé de la famille; mais ni les unes ni les autres ne songèrent à lui assigner comme but principal l'union de l'homme et de la femme associés pour le partage des communes douleurs de la vie. La célèbre définition de Modestinus (1) présente bien le mariage tel qu'il aurait dû être, mais non pas, à coup sûr, tel qu'il était d'après la législation romaine. Où donc, en droit romain, trouve-t-on dans le mariage

———

(1) *Nuptiæ sunt conjunctio maris et feminæ, et consortium omnis vitæ, divini et humani juris communicatio.* D., XXIII, 2, *De Ritu nuptiarum.*

cette intime association de toute la vie, *consortium omnis vitæ*, cette commune participation au sort réglé par les lois divines et humaines dont nous parle le jurisconsulte? Mais la Femme n'est dans le mariage qu'un enfant ou qu'une étrangère; le divorce menace incessamment cette union fragile que régit une absolue séparation de biens. Non, c'est là une définition toute chrétienne inspirée par des idées qui ne furent point celles de la législation antique. Le christianisme, en effet, se fiant à la loi naturelle pour la conservation de l'humanité, et n'ayant plus besoin de sacrifier la Femme à l'organisation civile de la famille pour fonder la société, établit le mariage sur un autre principe plus digne de sa morale et du but qu'il assigne à l'existence humaine.

Dans le monde comme dans le cloître, il voue la destinée de la vierge à un éternel et pur amour; il fait pour elle du célibat religieux un modèle idéal du mariage, et l'homme auquel il l'unit dans le siècle ne sera pas moins que l'époux qu'il lui donne en Dieu, le principal et constant objet de ses affections. Du reste, en faisant de cette union même le but premier du mariage, l'idée chrétienne ne lui sacrifie pas la Femme; car, si elle y distingue des rôles différents, elle impose à l'homme les mêmes tendances, les mêmes devoirs.

§ 1. *Formes du mariage.*

1. — Dans les mœurs galliques, dit M. Laferrière, c'était le mariage allié aux idées religieuses et con-

forme au droit naturel qui constituait la base de
la famille(1). César, l'éminent observateur de la Gaule,
ne nous a rien transmis sur la forme du mariage celtique ; mais, d'après le caractère profondément religieux qu'il assigne à la nation (2), il est à présumer
que le lien du mariage y fut consacré par le ministère
auguste des druides. Quant au fond du contrat lui-
même, il semble éloigné singulièrement déjà de la
forme primitive et barbare de l'achat de la Femme ;
car, dès que celle-ci apporte avec elle des biens quelconques, elle entre dans le mariage avec une position
toute différente de celle qu'elle peut avoir lorsqu'elle
est acquise à son époux en vertu du prix ou des dons
reçus par le père. Or, César nous montre la Femme
dotée ; il fallait donc que la Gaule à ce moment fût
en possession de ce progrès social qui consiste à reconnaître dans la famille paternelle et dans le mariage la personnalité de la fille et de l'épouse.

II. — Il semble que les Germains fussent moins
avancés lorsqu'ils envahirent la Gaule romaine. Malgré la monogamie et l'austérité des mœurs matrimoniales qui les distinguent (3), la forme du mariage y
rappelle celle de l'achat, mais d'une manière toute
symbolique ; d'ailleurs, les présents offerts par l'époux

---

(1) Laferrière, *Hist. du Droit civil*, t. II, liv. II, sect. II, ch. III.

(2) *Natio est omnis Gallorum admodum dedita religionibus.* Cœs.,
Comment., lib. VI.

(3) *Quanquam severa illic matrimonia : nam prope soli barbarorum
singulis uxoribus contenti sunt, exceptis admodum paucis, qui non libi-
dine, sed ob nobilitatem, plurimis nuptiis ambiuntur.* Tacit., *De Morib.
Germ*, XVIII.

'et approuvés par les parents assemblés (1) sont destinés à la Femme elle-même : *Dotem non uxor marito,
sed uxori maritus offert* (2), qui fait en retour et personnellement un don à son mari. C'est l'acceptation
de ces dons réciproques qui constitue la seule formalité nécessaire au mariage; elle témoigne de l'assenti-
ment commun et le consacre(3). Les lois qui furent ré-
digées pour constater les coutumes germaniques n'ont
pas conservé l'usage de ces dons symboliques, image
de la vie agricole et guerrière à laquelle la Femme
était appelée à participer, mais le souvenir de l'achat
primitif se perpétue encore; le *mundium*, chez les
Francs de la loi salique, est payé par l'époux *un sol et
un denier*(4), et celui de la veuve, dont le second mariage est vu défavorablement par les mœurs germaniques, est taxé par la loi salique elle-même à *trois
sols et un denier* (5). Ainsi, le mariage fut accompli à

(1) *Dotem non uxor marito, sed uxori maritus offert. Intersunt parentes et propinqui ac munera probant : munera non ad delicias muliebres
quæsita, nec quibus nova rupta comatur; sed boves et frenatum æquum,
et scutum cum framea gladioque.* Tac., *De Mor. Germ.*, XVIII.

(2) Tac., ibid.

(3) *In hæc munera uxor accipitur, atque invicem ipsa armorum aliquid viro affert : hoc maximum vinculum, hæc arcana sacra, hos
deos conjugales arbitrantur. Ne se mulier extra virtutum cogitationes
extraque bellorum casus putet, ipsis incipientis matrimonii auspiciis
admonetur venire se laborum periculorumque sociam, idem in pace,
idem in prælio passuram ausuramque;... sic vivendum, sic pereundum.*
Ibid.

(4) Baluze, t. II, p. 552 : *Cum ego te solido et denario, secundum legem Salicam, sponsare deberem, quod ita et feci... quando quidem dies
nuptiarum evenit.* — Form. Lindenbr.

(5) *Sicut adsolit homo moriens et viduam dimiserit, qui eam voluerit*

cette époque à l'aide de formalités complexes ; l'achat du *mundium* constituait un acte préliminaire de l'union, mais il ne faisait pas le mariage lui-même ; la formule de Lindenbrog, xxv, *Libellus dotis,* dans Baluze (1), en fait foi, car ses termes distinguent expressément le jour des fiançailles et le jour du mariage. Ainsi, le mariage se contracte au moyen du consentement formulé par l'achat du *mundium* ou du *reipus*, mais il n'est parfait que par la tradition : le fait doit consacrer la volonté.

III. — Cependant le catholicisme s'était propagé dans la Gaule dès les temps apostoliques, et, devenu depuis près de deux siècles religion d'état, il avait dù profondément pénétrer dans les mœurs de la population gallo-romaine. L'évèque avait vu joindre à son autorité spirituelle la prépondérance politique que lui assura son titre de *défenseur de la cité ;* et l'organisation religieuse était tellement dominante à l'époque de la conquête germanique, qu'elle absorba presque aussitôt les conquérants dans sa foi. Quel changement fut apporté à ce moment à la forme du mariage, dont l'Eglise fait un sacrement ? C'est ce qu'il est difficile de préciser. Rome avait mis en usage, avec ses institutions, les diverses formes de mariage que nous

---

accipere, antequam sibi copulet, ante thunginum aut centenario, hoc est ut thunginus aut centenarius mallo indicant; et in ipso mallo scutum habere debet, et tres homines tres causas demandare debent. Et tunc ille qui viduam accipere debet, tres solidos æque pensantes et denario habere debet. Et tres erunt qui solidos illius pensare ac probare debent, et hoc factum, si eis convenit, accipiet. Lex Sal., xciv, *De Reipus.*

(1) Baluze, ut supra.

connaissons, dont la plus répandue, vers la fin de la
république, était l'usage *usus*, qui ne s'entourait d'au-
cunes solennités ; ce fut celle qui dut pénétrer le plus
profondément dans les mœurs gallo-romaines, parce
que ce fut celle qui choquait le moins les mœurs celtiques. Le christianisme, qui tendait à faire du mariage un sacrement, intervint-il dès lors au contrat
d'une manière effective et nécessaire ? Nous ne le pensons pas. A l'origine, le culte fut sobre de cérémonies,
et si le prêtre fut appelé à invoquer pour les époux
la bénédiction du Dieu des chrétiens, ce fut officieu-
sement et non pas officiellement.

Il en fut de même sous la première race des rois
francs, dont le capricieux et grossier libertinage se
serait mal accommodé des rigueurs d'un lien religieux, et nous ne trouvons nulle trace des cérémonies chrétiennes dans les nombreuses unions que se
permettent les fils de Chlother 1er (1); ils les contrac-
tent, selon la loi salique, par le *sol* et *denier*, et les évê-
ques, malgré leur peu de sympathie pour ces coutumes qu'ils réprouvent, les tolèrent encore et les ac-
ceptent, pour ne pas s'aliéner l'esprit de leurs barbares
néophytes (2). Après Charlemagne, le grand fondateur
de l'influence de l'Eglise, il en est autrement ; l'évê-
que préside au mariage ; l'Eglise ne se contente plus
de régler par ses canons et ses décrétales l'union con-

(1) Gregor. Turon., *Hist. Franc.*, lib. III et IV, apud *Script. rer.
Gallic. et Franc.*, t. II.

(2) Augustin Thierry, *Récits des temps mérovingienc*, t. II, 5e récit,
p. 147.

jugale, elle y intervient activement, et elle a des formes solennelles de bénédiction nuptiale qu'elle semble même adresser plus spécialement à la Femme (1).
C'est à partir de cette époque que l'influence de
l'Eglise, croissant chaque jour au milieu du chaos
barbare du moyen-âge, finit par absorber la forme
efficiente du mariage, qui, vers le XVIIe siècle, est devenu un sacrement (2). Les coutumes ont reconnu
cette suprématie relativement au mariage, et les rois
l'ont confirmée par leurs édits. Ainsi, au XVIIe siècle,
plusieurs arrêts ou ordonnances firent défenses aux
notaires de passer aucuns actes par lesquels des hommes et des femmes déclaraient vouloir se prendre
pour mari et femme, et même de sommer le curé des
parties de procéder à la célébration du mariage (3).
Le clergé, devenu dispensateur souverain de la validité
du mariage, fut astreint par l'ordonnance de Villers-
Cotterets (août 1539) à consigner sur des registres

(1) *Accipe annulum fidei et dilectionis signum, atque conjugalis conjunctionis vinculum, ut non separet quod conjunxit Deus. — Despondeo te
uni viro virginem castam atque pudicam futuram conjugem, ut sanctæ
mulieres fuere viris suis Sara, Rebecca, Rachel, Esther, Judith, Anna,
Noemi, favente auctore et sanctificatore nuptiarum Jesu Christo. — Deus
qui in mundi crescentis exordio multiplicandæ proli benedixisti, propitiare supplicationibus nostris, et huic famulo tuo, et huic famulæ tuæ
opem tuæ benedictionis infunde; ut in conjugali consortio secundum beneplacitum tuum affectu compari, mente consimili, sanctitate mutua copulentur.* — Bénédiction nuptiale et couronnement de Judith, fille de
Charles le Chauve (856). Baluze, t. II, p. 309.

(2) Laferrière, *Hist. du Droit civil*, t. IV, p. 515.

(3) Arrêt de règlement du 4 septembre 1680. — Ordonn. de Blois, 1639.
— Ordonn. de Louis XIII, 1629.

réguliers les actes auxquels il présidait : l'état civil était créé en France, et il resta entre les mains du clergé (1).

Cependant, quand la Réforme avait surgi au milieu du XVIe siècle, elle avait trouvé sous l'autorité du catholicisme tous les actes qui constituent l'état des personnes; elle remplaça d'abord son intervention par celle de ses propres ministres, et s'organisa un état civil particulier, qui lui permit de contracter ses mariages sous les auspices de sa croyance. Ce droit de se faire à elle-même son état civil lui fut enlevé à la suite des guerres religieuses, et restitué plus tard (11 décembre 1685) sous une forme différente, celle de l'intervention du juge civil; et, en 1787, un édit de Louis XVI permettait à tous ceux qui ne professaient pas la religion catholique de se marier devant un officier de la justice civile.

Ce ne fut donc pas sans précédents que la constitution de 1791 attribua au pouvoir civil le droit de sanctionner le mariage, devenu désormais un contrat civil (2). Le changement fut radical : la révolution avait trop à faire pour ne pas pousser à l'excès les principes nouveaux qu'elle proclamait; le mariage, devenu depuis des siècles un sacrement, ne fut plus désormais qu'un simple contrat civil, constaté, il est vrai, par des officiers spéciaux, mais produisant à lui seul, comme l'*usus* ou la *coemptio* de Rome, tous les devoirs de l'épouse et tous les droits du mari. Cet

(1) Ibid. — Edit de 1697.
(2) Const. du 14 septembre 1791, tit. II, art. 7.

état de choses, qui a passé définitivement dans nos
codes, a été vivement attaqué ces derniers temps
par un homme qui joint à l'autorité de son nom cette
rare et entraînante éloquence du cœur qui subjugue
et gagne si vite (1). Il voudrait que, sans restituer au
clergé le monopole du contrat, qui doit rester civil
pour faire preuve de l'état légitime des personnes, on
en soumît la validité à la célébration religieuse. Il est
certain que la législation du mariage, d'après le Code
Napoléon, pourrait prêter à des abus de nature à
froisser le sentiment religieux; mais quelles lois humaines peuvent être parfaites? On comprend qu'à la
fin du moyen-âge, le notaire, rédacteur du contrat presque indispensable qui règle les intérêts des
futurs époux, mette son acte sous la protection de la
célébration religieuse, qui seule le validera, et y fasse
engager les époux *à se représenter en face de notre
sainte mère l'Eglise* pour lui demander la bénédiction nuptiale. Le christianisme ne pouvait pas ne
point faire intervenir la religion dans l'acte le plus
considérable de la vie humaine, et comme il n'avait
trouvé nulle forme établie pour constater le mariage,
il était tout naturel que les prêtres fussent devenus
les officiers légaux du contrat à la forme duquel ils
présidaient. Ce fut, du reste, un bienfait pour la Femme
que cet empiétement des lois canoniques sur les lois
civiles; leur esprit, tout différent de celui de la législation romaine ou barbare, fit du sacrement une pro-

(1) *Réflexions sur le mariage civil et le mariage religieux en France
et en Italie*, par Paul Sauzet. Lyon, 1853.

tection pour sa faiblesse, un titre au développement de ses droits ; et le monopole de l'état civil par le clergé ne cessa d'être une nécessité que le jour où le progrès des idées et des mœurs eut assuré à la Femme toutes les garanties de sa condition nouvelle.

Aujourd'hui, la séparation du contrat civil et du sacrement est un fait accompli que depuis plus d'un demi-siècle nous avons pu observer. Certainement il est fâcheux que la loi, qui soumet à la condition de l'existence de son acte public la validité civile du mariage, ait dû le laisser ainsi dépourvu de toute sanction religieuse ; mais la nécessité de la séparation des pouvoirs est, pour nos sociétés modernes, d'une importance tellement majeure, qu'il n'est pas possible de subordonner d'une manière quelconque l'acte civil à l'acte religieux ; et d'ailleurs, d'après les dogmes mêmes de l'Eglise, le sacrement n'est efficace qu'autant qu'il est accueilli par la volonté et la foi. Laissons donc aux consciences le soin de régler leurs destinées avec le ciel, les mœurs de notre temps n'y répugnent point, nul mariage au contraire qui ne se hâte d'appeler à lui l'intervention divine ; et quand les femmes auront mieux appris à user de leur liberté, elles sauront bien choisir un époux dont les croyances conformes aux leurs ne se refuseront point aux actes de la commune religion.

§ 2. *Puissance maritale.*

1. — L'antiquité, nous l'avons dit, fut tout entière hostile à la Femme. Celle-ci avait beau régner en
maîtresse absolue par le droit des charmes qui font
sa puissance, l'homme asservi se refusait à l'avouer
pour son égale, et son empire ne sortit point du domaine des sens. Le christianisme l'appelle à un rôle
nouveau, il en fait la souveraine du monde moral ; à
elle le sentiment et la foi, ces deux puissants leviers de
la civilisation ; à l'homme l'intelligence et l'action, et,
dans ce partage égal des puissances humaines, sa
part n'est pas la moins belle. Voilà l'œuvre du christianisme pour la Femme; mais pour l'accomplir il
lui faudra la succession de dix-huit siècles remplis
d'incessantes révolutions.

Les mœurs celtiques n'émancipaient point non
plus la Femme mariée, et quoiqu'elles lui attribuas-
sent des droits d'égalité et une considération remarquable dans le mariage, elles ne la soumettaient pas
moins au pouvoir absolu du mari sur sa personne (1),
et lui réservaient de rudes épreuves, si à la mort de
son époux un soupçon quelconque pouvait s'élever
contre elle (2). Les Germains semblent l'avoir affranchie davantage ; mais le *mundium*, qui s'achetait au

---

(1) *Viri in uxores sicuti in liberos vitæ necisque habent potestatem.*
Cæs., *De Bello Gall.*, l. VI, 19.

(2) Cæs., l. VI.

père, transmettait bien au mari les droits de celui-ci
sur la Femme, qui, placée ainsi dans une tutelle perpétuelle, moins dure assurément et d'un autre caractère que la *manus* romaine, ne semble point émancipée par le mariage. Pendant le moyen-âge, la grossièreté des mœurs pesa durement sur la Femme.
C'est l'époque où l'Église eut à lutter contre le divorce et le concubinage des rois et des grands, et,
malgré tous ses efforts, elle ne put empêcher le naufrage de la considération personnelle de l'épouse dans
les brisants de cette mer dont les flots sans frein se
heurtent longuement avant de s'unir dans une calme
unité. Cependant, malgré le peu d'aménité de cette
époque pour la Femme, les coutumes reçurent d'elle
un principe favorable qui se formule par cet axiôme :
*De coutume la femme est en la puissance de son mari,
autrement est de droit civil* (1) ; principe favorable, disons-nous, car l'autorité du mari est moins dure,
moins absolue que celle du père. Et cependant nous
trouvons aussi dans toutes les coutumes le droit de
correction du mari sur sa femme, droit qui se traduit
dans toutes les classes inférieures par l'habitude de
battre sa femme (2), et dans la noblesse par des châtiments plus rigoureux peut-être.

(1) Desmares, décis. 58e.
(2) « En plusieurs cas, peuvent les hommes être excusés des griefs
qu'ils font à leur femme, ni ne s'en doit la justice entremettre, car il
loit bien à l'homme à battre sa femme sans mort et sans méhaing quand
elle le meffait, si comme quand elle est en voie de faire folie de son
corps, ou quand elle dément son mari, ou quand elle ne veut obéir à
ses raisonnables commandements, que prude femme doit faire. » —
Beaumanoir, tit. LVII.

II. — Les mœurs de la chevalerie assurèrent à la Femme une dignité et un respect pour sa personne inconnus jusqu'alors à la brutalité des nobles barons, et le xvii° siècle nous offre le spectacle d'une société où la Femme règne en souveraine. Mais cette amélioration, complète pour les hautes classes, se fit peu sentir dans le peuple des vilains, qui considéra longtemps encore le droit de battre sa femme comme un privilége de masculinité.

Tout en élevant la position de la Femme à la hauteur d'une association conjugale, nos lois modernes n'ont pas laissé que de la subordonner au mari, reconnu chef de la famille. Dans quelles limites ce pouvoir marital sur la personne de la Femme, absolu dans l'antiquité, puis amoindri par chaque conquête de la civilisation, est-il renfermé aujourd'hui ? Le droit de correction manuelle est effacé de la législation ; une seule trace en est restée dans une grave circonstance, c'est la disposition qui déclare le mari excusable du meurtre de sa femme lorsqu'il la surprend en flagrant délit dans la maison conjugale (C. P., 324); et encore ce n'est plus là un droit, c'est simplement un motif d'excuse puisé dans l'excès que peut produire une légitime indignation, tandis qu'au moyen-âge c'est un véritable droit pour le mari, et certaines coutumes s'étendent même longuement sur la façon dont il peut en user, telle que l'ancienne coutume de Berry, qui admet le fils à aider son père en pareil cas (1). La plus absolue des obligations qui lient au-

_____

(1) « Si un homme marié trouvait autre chevauchant sa femme, ledit

jourd'hui la personnalité de la Femme dans le mariage, c'est celle de suivre son mari et d'habiter avec lui partout où il lui convient de résider (C. N., 214). On a eu à se demander quel en devait être le corollaire, et si la Femme pouvait être contrainte par la force à réintégrer le domicile conjugal ; nous ne pensons pas qu'on doive résoudre la question dans ce sens. Le lien du mariage est un lien tout moral, dont il ne faut pas changer le caractère. Que serait ce mariage où la Femme serait ramenée prisonnière ? La coërcition de sa personne empêcherait-elle sa volonté de se refuser à un rapprochement détesté ? Et, d'autre part, quand nous voyons Rome, toute barbare et matérialiste qu'elle était, soustraire ses matrones à la *manus injectio*, qui lui semblait porter atteinte à leur dignité, comment pourrions-nous admettre que de nos jours la Femme fût soumise à cette *manus militaris*, dernier argument de la force, pour voir sa personne rattachée à une destinée à laquelle sa volonté refuse de s'associer ? Du reste, la Femme est en général soumise pour tous les actes de la vie à l'autorisation maritale (art. 213-217). L'autorité, dans l'association conjugale, appartient au mari, mais elle est mitigée par le droit de la Femme de recourir aux

---

mari peut eux deux, c'est à savoir l'homme et la femme, tuer, sans de ce qu'il doive loi ni amende ; et encore si ledit mari n'est pas assez fort, et il ait doute que le malfaiteur ait l'au-dessus de lui, en cette manière il peut mener son fils avec lui pour l'aider, et n'y a nulle amende pour le fils, quels qu'il y ait pour le père ; mais que ledit fils ne jette pas la main à la mère, mais seulement aide son père à survaincre son ennemi. » — Laboulaye, *Condition des femmes*, p. 589.

tribunaux toutes les fois que cette autorité devient oppressive; et à notre époque, avec nos lois et nos mœurs, la personnalité de la Femme est à peu près dégagée de toutes les chaînes qui l'ont si longtemps accablée.

§ 3. *Du divorce.*

I. — Le christianisme combattit le divorce comme le concubinage et la polygamie; il cherche à réaliser dans l'union conjugale les principes d'unité et de perpétuité qui le caractérisent; mais c'est sur ce terrain qu'il rencontre le plus de résistance dans les habitudes invétérées du matérialisme païen, et, s'il avait pu être vaincu, il l'aurait été dans cette lutte où il s'efforçait d'arracher au sensualisme de l'homme la Femme, que celui-ci considère comme destinée à ses plaisirs. Rome même, à l'apogée de sa civilisation, ne put être soumise à la loi de l'unité conjugale, et les constitutions de Constantin et d'Honorius (331-421), dictées par l'influence chrétienne, n'avaient pu vaincre le déréglement enraciné des mœurs; mais du moins ces constitutions régirent la Gaule romaine, qui s'habitua à n'user du divorce que dans les cas graves spécifiés par elles.

D'après le tableau que Tacite nous a laissé de la famille germaine (1), on ne peut pas admettre que le divorce par consentement mutuel y fût pratiqué;

(1) Tac., *De Mor. Germ.*, XVIII-XIX.

aussi pensons-nous avec M. Laboulaye (1) que les documents qui nous montrent le divorce en usage à l'époque germanique doivent être attribués au droit romain (2). La répudiation fut admise, elle, par diverses lois barbares, telles que celles des Allamani, des Bavarois, des Anglo-Saxons ; mais l'influence du christianisme tend à la restreindre constamment par des peines pécuniaires prononcées contre le mari. C'est le moment de la lutte : il faut détruire les dernières traces du divorce romain *bona gratia*, arrêter ces répudiations sans causes que les Barbares multiplient au gré de leurs caprices (3), et battre en brèche la séparation pour causes légales, fondée sur les lois de Constantin et d'Honorius. Le clergé suffit à la tâche ; il commença par ne plus admettre le divorce qu'en cas d'adultère, et frappa d'excommunication le mari qui répudiait sa femme sans motifs (4). Sous son influence, les capitulaires des rois francs, et ceux de Charlemagne surtout, entrèrent dans la même voie et défendirent aux époux divorcés de se remarier : c'était l'abolition du divorce (5). Ces dispositions

---

(1) *Recherches sur la condition des femmes*, p. 156.

(2) M. Laferrière pense au contraire que les documents où nous trouvons le divorce par consentement mutuel, tels que la formule 30, II, de Marculphe, ne peuvent provenir que d'une source germanique. — Laferrière, *Hist. du Droit civil*, t. III, p. 151.

(3) Aug. Thierry, *Récits des temps mérovingiens*, 1er récit, t. I, p. 254 et suiv.

(4) Capit., VIII, 505.

(5) Capit., VI, 87 : *Nullus conjugem propriam, nisi ut sanctum Evangelium docet, fornicationis causa relinquat. Quod si quisque propriam*

passèrent des lois canoniques dans les coutumes et furent la base des droits accordés à la Femme qui a quitté son mari (1) L'influence religieuse écarta le divorce de la société française jusqu'à la révolution, où on le voit sortir de l'abîme qui avait englouti les lois canoniques. Rétabli par le Code civil, son exis- tence fut éphémère, parce qu'il est en opposition avec les principes de la civilisation moderne; il fut aboli par la loi du 8 mai 1816.

§ 4. *Des secondes noces.*

Les Germains ne virent pas en général de bon œil le second mariage de la Femme (2), soit qu'ils eus- sent un vif sentiment de l'indissolubilité du lien qui a uni les deux époux, soit, ce qui est plus présu- mable, qu'ils fussent en cela poussés par une idée de jalousie sensuelle qui ne leur permettait pas de son- ger impunément que la femme qui leur avait appar- tenu fût en la possession d'un autre. Nous en voyons la preuve dans le capitulaire de Clovis cité par M. La- boulaye (3), qui impose à la veuve qui se remarie l'o- bligation d'abandonner aux parents de son mari une partie de sa dot avec son lit nuptial. Le sentiment, la

---

expulerit conjugem. . Nulli alteri copulatur, sed aut ita permaneat, aut propriæ reconcilietur conjugi.

(1) Bouteiller, II, tit. VIII. — *Coutum. gén.*, l. II, c. XXXIII.

(2) Tac., *De Mor. Germ.*, c. XIX.

(3) Laboulaye, *Condition des femmes*, p. 164.

délicatesse de cœur furent peu le fait des Francs sous la première race, et nous ne saurions voir, avec le savant auteur, dans le capitulaire précité, *une coutume chaste et naïve qui rappelle les plus beaux usages de l'antiquité*, mais bien plutôt un souvenir de l'autorité maritale qui se perpétue même après la mort du mari.

Quoi qu'il en soit, celui qui épousait une veuve, chez les Francs, était obligé de composer avec les parents du premier mari, et de leur payer un *reipus*, espèce de prix du *mundium*, de trois sols et un denier; la loi salique (1) nous a conservé tout au long la singulière procédure du second mariage, et elle attribue le *reipus* à un ordre successif de parents par les femmes, dont il est difficile de comprendre la raison d'être.

L'Eglise aurait voulu faire prévaloir le principe d'un mariage unique, d'abord parce qu'il était d'accord avec l'idée de perpétuité qu'elle attache à tous ses actes, et ensuite parce que c'eût été pour elle un moyen sûr de triompher des habitudes de légèreté avec lesquelles l'homme s'était habitué à traiter l'union conjugale; mais c'était trop pour la faiblesse humaine, elle fut obligée d'abandonner cet idéal et de tolérer les secondes noces. La veuve qui se remarie ne fut pas même, en règle générale, exposée à perdre ses avantages nuptiaux, à moins de conventions contraires, conventions qui devinrent, il est vrai, fréquentes dans l'usage; seulement, à partir de la ré-

_____

(1) Lex Sal., tit XLVI, *De Reipus*.

forme des coutumes, la garde ou la tutelle de ses enfants lui furent enlevées, tandis qu'à la même époque
l'introduction et la mise en vigueur de la loi *De
Secundis Nuptiis* venaient limiter les avantages
qu'elle put faire à son second mari, lorsqu'elle avait
des enfants (1).

Le respect de la liberté individuelle n'a pas permis
à nos lois de poser des limites quelconques au droit
de contracter un nouveau mariage après la dissolution
du précédent; la perte de la tutelle, qui frappait la
veuve remariée, n'a pas même été conservée d'une
manière absolue. Celle-ci doit au contraire, en principe, la conserver, et elle ne la perdra que faute
d'avoir rempli les formalités exigées par la loi (C. N.,
art. 395).

SECTION II.

POSITION DE LA FEMME QUANT AUX BIENS.

Quelles furent les règles qui ont régi les biens de
la Femme pendant et après le mariage depuis les lois
barbares jusqu'à nos jours? Quelles traces ont-elles
laissées dans nos lois modernes? Voilà ce qu'il nous
reste à examiner pour compléter cette esquisse rapide
des améliorations successives qui ont amené la condition de la Femme à son état actuel. Où s'est trouvé
le progrès dans ce vaste amalgame de coutumes et de

(1) Cujas, Comment. sur le Code *ad legem hac edictali.*

lois différentes qui couvrit le sol de la France pendant plus de douze cents ans? D'où est-il venu? Quel a-t-il été? Sont-ce les lois romaines survivant persistantes et vivaces à Rome elle-même qui l'ont apporté? Faut-il en chercher au contraire l'origine dans les institutions propres soit aux peuples indigènes de la Gaule, soit aux Barbares qui l'envahissent au ve siècle, ou ne faut-il pas plutôt dire, pour être dans le vrai, qu'aucune de ces législations n'en est la véritable et surtout l'unique source? Le progrès, dans le droit comme dans la civilisation dont il est le reflet, est fils des siècles et des circonstances; enfanté à son heure, il doit son existence éphémère à une réunion de causes dès longtemps préparées par la suite des destinées humaines; et, quand il a vécu, le progrès qui lui succède est comme lui l'œuvre d'un ensemble d'événements et de faits qui constituent la marche incessante et providentielle de l'humanité à un perfectionnement constant. Le chercher ailleurs, vouloir en faire la conséquence directe d'un fait isolé et unique, c'est être dans l'erreur.

Ainsi, avant que de patientes études eussent quelque peu soulevé le voile qui cache nos origines coutumières, on s'efforça de faire remonter notre régime de la communauté jusqu'à l'institution gauloise rapportée par César (1), dont nous expliquerons le passage d'après un travail récent (2), et d'après la-

(1) L. VI, 19.
(2) *De la Communauté chez les Gaulois*, par M. Drolencourt, juge au tribunal de Douai. — *Revue pratique du Droit français*, 1er et 15 mars 1859.

quelle le mari apportait autant de valeurs de ses propres biens qu'il en avait reçu de sa femme à titre de dot. Une estimation constatait l'égalité des deux apports, qui étaient réunis pour former une masse commune, laquelle est indivisément administrée, et dont les fruits ne deviennent pas propres par moitié à chacun des conjoints, mais grossissent le capital, si toutefois il en reste après l'acquittement des dépenses de la famille; le tout enfin appartient au survivant. Cette institution très-remarquable, qui place la Femme sur un pied parfait d'égalité dans le mariage, n'a, du reste, aucun rapport avec la communauté telle que nous l'entendons; elle en a bien davantage avec le régime dotal de Justinien, qui semblerait y avoir puisé sa donation *propter nuptias*, égale à la dot (1), soumise comme elle aux chances de survie. A part l'égalité des droits qui lui sont reconnus en principe, il n'y a rien dans ce régime de bien favorable à la Femme; elle met le même enjeu pour courir les mêmes chances que son époux; seulement elle n'en aura point l'administration pendant le mariage, et à part, avons-nous dit, l'idée morale d'égalité qui domine ces dispositions, il y a loin, quant à l'émancipation matérielle, de la position de la Femme gauloise à celle de la romaine. Gain de survie basé sur la réciprocité d'un apport égal, voilà quel est le fond de la pratique gauloise. Si la communauté, dont nous allons examiner le caractère et les origines, peut y être rattachée sous quelques aspects rudimentaires,

(1) D., XXIII, *De Jure dot.* — Nov. 98, c. 1; 127, c. III

elle est loin du moins d'en descendre directement.

1. — Le régime de la communauté dans le mariage, telle qu'elle est organisée par nos lois, repose
sur une idée toute particulière, qui consiste à considérer beaucoup moins l'apport en lui-même que la
participation active des personnes à la vie commune.
En effet, nulle égalité d'apports n'est exigée, et cependant un partage égal s'opère à la dissolution du
mariage.

Les législations antérieures les plus favorables à la
Femme n'étaient point arrivées à la hauteur de ce
principe ; les unes, comme le droit romain, avaient
assuré la conservation de la dot et créé en sa faveur
un gain de survie sur la donation *propter nuptias* (1) ;
les autres, moins avancées, mais plus pénétrées de
l'idée d'association dans le mariage, telles que les
lois des Gaulois et des Germains, ne placent pas la dot
en dehors des éventualités de la vie commune, mais
assurent à la Femme une quote-part des biens communs, à titre de gain de survie selon les uns, de
propriété selon les autres (2).

(1) Laboulaye, *Condition des femmes,* p. 46.
(2) D'après M. Laferrière, *Hist. du Droit civil,* t. III, p. 162 et suiv.,
le tiers accordé à la femme par les lois et coutumes germaniques n'est
qu'un gain de survie, subordonné à la survivance de la femme au mari,
et non pas un droit de communauté existant irrévocablement au profit

11. — La féodalité arrêta, sous certains rapports, l'essor des principes favorables à la Femme déposés en germe dans l'esprit des lois barbares. La loi du plus fort, qui domine toute cette époque, d'une part conserva au *mundium* la plupart de ses effets sur la personne et sur les biens de la Femme (1), et le *mainbour* ou *mainburnissière* est encore trop absolument son seigneur et maître pour qu'on puisse lui supposer dans le mariage une égalité d'action et de droits qui serait trop en contradiction avec le pouvoir marital, tel qu'il existe alors ; et, d'autre part, les nécessités des relations féodales imposèrent à certains héritages un caractère qui ne permettait pas à la Femme de participer à leur propriété. La Femme noble n'a qu'un gain de survie sur la moitié des meubles et des acquêts (2) ; il n'y a donc là aucun germe de communauté.

L'effet des croisades sur la position de la Femme fut considérable ; à ce moment elle commence à sortir de son néant pour prendre en main l'autorité et l'ad-

de la femme et de ses héritiers. — M. Laferrière, *Condition des femmes*, p. 145 et suiv., considère le tiers réservé à la veuve comme un droit absolu ; la formule 17, II, de Marculphe, lui semble une considération décisive. — M. Ginoulhiac, *Hist. du Régime dotal*, p. 224, semble incliner pour l'hypothèse d'un gain de survie et considérer la formule de Marculphe comme une exception.

(1) « Femme mariée en pays coutumier ne peut être en garde ou administration d'autre que de son mari. » — Desmares, décis. 290.

« Si le baron meffet son corps, il perd les meubles avec les héritages, si que nul des meubles ne demeure à la femme. *Par ce appert-il que tous les meubles sont à l'homme le mariage durant.* » — Beaumanoir, ch. XXX.

(2) Laboulaye, *Condition des femmes*, p. 287.

ministration au lieu et place de son *seigneur* absent ;
ce fut la préparation du changement, si important
pour sa position, qui commença à l'associer à la fortune de son mari, et devint le droit commun vers le
xv⁰ siècle, lors de la réformation des coutumes (1).

III. — Cependant à côté de la noblesse féodale
s'étaient formées des associations agricoles de serfs et
et de vilains établies sous mille conditions différentes
sur tous les points du territoire, et s'élevaient des
classes de roturiers et de bourgeois qui, par leur
condition même, devaient avoir pour antipathiques
les lois et les usages féodaux, et furent régies par des
institutions spéciales.

C'est au sein de ces classes étrangères au privilége, élevées par l'agriculture et l'industrie comme par
le travail intellectuel au rang de puissance dans l'Etat,
qu'on trouve la réalisation première de ce progrès qui
tend à faire de la Femme l'associée du mari. C'est là
aussi que ceux de nos auteurs modernes qui se sont
préoccupés de la question d'origine de notre communauté légale, sont allés la chercher ; mais comme
depuis le moment où l'on peut signaler l'existence de
cette coutume en France jusqu'à celui où elle est devenue un usage légalement constaté pour une partie
du moins du territoire, elle a, selon les temps, les
lieux et les conditions personnelles, revêtu une in-
finité de formes diverses, il est bien difficile de lui
assigner un point de départ certain et invariable. Aussi
les uns, comme M. Troplong (2), la font descendre

(1) Ibid., p. 289.
(2) M. Troplong, *Contrat de mariage*, préface, p. 122 et suiv.

directement de ces sociétés *taisibles* constatées par
nos coutumes, non seulement entre les parents réunis
sous le même toit, mais encore entre époux (1), et
qui ne cessèrent que par l'ordonnance de Moulins
de 1566, qui exigea la rédaction par écrit de tous les
contrats excédant cent livres; opinion professée éga-
ment par M. Laboulaye, qui rattache spécialement la
communauté à l'organisation des manses serviles, dans
lesquelles ia vie commune d'an et jour entraînait for-
cément l'admission dans la communauté (2). D'autres, comme M. Ginoulhiac, y voient un résultat
du *mundium* primitif, transformé en *mainbournie*,
et réglementé par l'application que lui font plus
tard les jurisconsultes des règles de la société romaine (3).

Mais, s'il en était ainsi, on aurait vu la communauté reçue dans les classes féodales aussitôt que dans
les autres, car le principe du *mundium* s'y est perpétué
bien plus vivace et bien plus absolu, on en peut juger
par les effets de la garde noble; or, c'est ce qui n'eut
pas lieu, car la féodalité reçut la communauté des
vilains et des roturiers, quand l'influence de ceux-ci
eut acquis une certaine prépondérance.

IV. — La communauté dans le mariage, cette dernière conquête de la femme, fut longtemps en germe
dans les idées, dut être longtemps mûrie par les es-

(1) *Grand Coutumier*, II, 40. — Coquille sur Nivernais, tom. XXII, art. 3 et 4.
(2) Laboulaye, p. 333.
(3) Ginoulhiac, *Hist. du Régime dotal et de la Communauté*, p. 283 et suiv., 335 et suiv.

prits, avant de passer dans le domaine des faits : c'est l'invariable loi de tout progrès humain. Le principe s'en retrouve à la fois dans l'austère et chaste union des Gaulois et dans la rude et courageuse participation de la Femme germaine à la belliqueuse fortune de son époux ; mais c'est le christianisme surtout qui hâta son développement en venant définir et dogmatiser la notion de l'égalité de la Femme, dont les barbares n'avaient jusqu'alors qu'une vague et imparfaite intuition. L'éducation des sociétés ne se fait pas en un jour, surtout quand il s'agit de détruire en même temps chez les hommes des préjugés vieux comme le monde, qui leur présentent la Femme comme un être inférieur et nul, et des passions renaissantes et vivaces comme les générations qui ne veulent voir en elle que l'instrument de leurs voluptés. Pendant des siècles l'Eglise eut assez à faire d'asseoir sur la religion la position morale de la Femme, et quand ce progrès fut accompli, un progrès nouveau put alors lui succéder.

Le fait matériel, le moyen qui, selon nous, conduisit la Femme à la communauté, c'est l'extension de la richesse mobilière.

Quand la terre fut le but et le fruit de la conquête, il est évident que la Femme n'y put rien prétendre, et il en fut ainsi tant qu'il fallut défendre et conserver par la force la terre, héritage de la conquête(1). Ce ne fut que vers le xiie siècle qu'on vit les filles

(1) *De terra vero Salica nulla portio hereditatis mulieri veniat, sed ad virilem sexum tota terræ hereditas perveniat.* Lex Sal., LXII, § 6.

succéder aux fiefs devenus héréditaires après avoir
longtemps représenté le bénéfice de la victoire, et
encore, en règle générale, elles ne viennent qu'à défaut de mâles (1). Un autre ordre d'idées confirma
plus tard l'attribution de la terre aux mâles, et jusqu'en 1789 nous voyons les droits d'aînesse et de
masculinité primer les femmes et les repousser en
tout ou en partie de la succession à la terre.

Au contraire, les premiers droits que nous voyons
attribuer aux femmes sont des droits mobiliers;
quand s'établit la dot germanique, le *faderfium* paraît être mobilier (2). Avant que les femmes ne succédassent à la terre allodiale, elles eurent une succession privilégiée sur certains meubles (3), et quand les
filles seront apanagées et devront dès lors renoncer
à la succession paternelle, ce seront encore des valeurs mobilières qui seront leur partage (4). Enfin les
gains de survie accordés à la mère par les coutumes
consistent en meubles et en acquêts le plus souvent
mobiliers.

---

(1) « L'hoir mâle hérite en tous les héritages devant l'hoir femelle,
si la femelle n'appartient de plus près que l'hoir mâle à celui de par qui
le fief et la seigneurie, ou l'héritage, leur est échu, de celle part dont
le fief vient. » — *Assises de Jérusalem*, Haute cour, ch. ccclxxxv.

(2) *Si quis pater aut parentes quando filiam suam marito donat, quantum ei in nocte illa quamlibet rem donavit, toto extra partem in contra
fratres suos vindicet.* Pertz, II, 6.

(3) Laboulaye, *Condition des femmes*, p. 95.

(4) « ..... Et prends ainsi qu'un père marie une sienne fille et lui
donne *deux cents livres* en mariage ; et puis, après un certain temps, en
marie une autre et lui donne *quatre cents livres*. » — Ancienne coutume
de Berry, ch. cx.

Pourquoi la féodalité, transformée plus tard en noblesse, se refusa-t-elle si longtemps à admettre le principe de la communauté? C'est qu'elle est fondée sur
la terre et n'a que peu ou point de richesses mobilières. On voit, du reste, les rotures et les bourgeoisies, dès qu'elles sont arrivées à posséder les biens
immobiliers, se rattacher aux principes féodaux et s'é-
loigner de l'idée de communauté. Et, en effet, la propriété immobilière entraîne avec elle une idée de
possession individuelle qui se prête mal à la communauté. C'est sur la terre que l'homme imprime le cachet de sa personnalité; c'est sur elle que son action
se grave et se perpétue par les faits; c'est elle qu'il a
reçue de ses pères, tout empreinte de leurs labeurs,
et qu'il transmettra à ses fils, fécondée par son activité; c'est sur elle enfin que repose son pied, dans
la course rapide de la vie; tant de liens l'y rattachent trop personnellement pour qu'il ait pu se décider encore à la livrer au partage de la vie commune.
Jadis les immeubles propres restaient irrévocablement affectés à chacune des familles dont ils prove-
naient, *paterna*, *paternis*; aujourd'hui le régime légal
de la communauté, c'est encore la distinction des
immeubles propres à chacun des époux et leur ja-
louse conservation; c'était aussi celui des coutumes;
mais nos lois ont ouvert la voie à des idées plus phi-
losophiques, plus élevées, en indiquant la clause
d'*ameublissement* qui permet d'assimiler aux valeurs
mobilières ces immeubles jusque là si religieusement
tenus par devers soi.

Sous l'empire de semblables idées, la communauté

ne pouvait produire de résultats sérieux et se géné-
raliser qu'à la condition de s'appuyer sur d'autres
biens que sur des immeubles ; aussi disons-nous que
l'extension de la fortune mobilière fut non pas la
cause, mais le moyen qui propagea la communauté.
Et, en effet, nous voyons les premières communautés se dessiner bien plus larges qu'une communauté
matrimoniale, puisqu'elles embrassent tous les membres d'une famille, sous l'humble toit de ces pauvres
serfs et de ces humbles roturiers qui ne possèdent
rien au monde qu'un peu de mobilier. La communauté y est complète, absolue, car il n'y a point là
d'immeubles à réserver. Puis, quand les valeurs mobilières seront devenues une vraie richesse, la
Femme, dont le travail aura le plus souvent contribué
à leur acquisition, y viendra prendre sa part au
moyen de la communauté. Seulement, entre les communautés rurales, d'origine servile, et celles des villes,
nées de l'industrie et du commerce, il y aura cette
différence que, comme dans les premières il n'y a
pas d'immeubles possibles, puisque la *manse* appartient au seigneur, les biens seront partagés également entre les enfants et l'époux survivant, tandis
que dans les communautés des villes, les époux pou-
vant avoir des immeubles propres, le partage ne por-
tera que sur les meubles et les conquêts, les propres
restant aux héritiers (1).

Il y a d'ailleurs entre le progrès de la fortune mobilière des nations et celui de la condition des fem-

(1) Laboulaye, *Condition des femmes*, p. 574.

mes une relation profonde. C'est avec raison qu'on
dit : « Pour juger une époque, il suffit de considérer
« la place qu'y tiennent les femmes. Malheur au
« temps où leur rôle s'efface, où leur influence s'a-
« moindrit ! Le caractère de l'homme s'élève au niveau
« de leur ambition ; quand elles abdiquent, l'homme
« déchoit (1). » La Femme et la civilisation sont
deux sœurs qui grandissent l'une par l'autre ; la
femme inspire le luxe et les arts, qui enfantent le
commerce et l'industrie, auxquels elle peut à son tour
prendre une part active et s'assurer ainsi les bénéfices
de l'indépendance et de l'égalité. La communauté,
fondée en principe sur la reconnaissance des droits
de la Femme, ne devint praticable que lorsque la
civilisation eut suffisamment étendu le champ de la
fortune mobilière.

Nous ne saurions adopter les conclusions d'un savant auteur (2) sur les dangers et les vices du système
de la communauté. Sans doute des imperfections s'y
présentent, mais elles pourront s'effacer. Le pouvoir
du mari est peut-être trop absolu sur les biens de la
communauté (C. N., art. 1421-1422); la confusion
des dettes peut frapper gravement la communauté
par la faute d'un seul (art. 1409); mais du moins
la Femme y participe activement à la vie commune ;
elle y a un intérêt sérieux et constant qui lui fait un
devoir et un droit d'intervenir et de veiller à la sage

(1) Discours de réception à l'Académie française prononcé par M. Ju-
les Sandeau le 26 mai 1859.
(2) Ginoulhiac, *Hist. du Régime dotal*, p. 258.

administration du patrimoine commun. Elle est là
dans son vrai rôle de compagne de l'homme, associée
à ses succès comme à ses revers; tandis que la
femme dotale n'a rien à voir dans la gestion de son
époux. Que lui importe sa ruine ou sa fortune! sa dot
est sauve à elle; enfant égoïste, assurée contre les
vicissitudes humaines, son plus beau rôle sera d'a-
briter sous sa dot un mari insolvable, pourvu que,
nouvelle *matrone*, elle ne lui fasse pas acheter trop
cher le pain qu'elle lui tendra. D'ailleurs, la dotalité
des biens, leur inaliénabilité, est trop contraire aux
tendances des temps modernes, qui font du capital
l'énergique levier de toute amélioration, qui cher-
chent dans la rapide transmission des héritages l'âme
du progrès et de l'égalité, et qui s'efforcent enfin de
tout mobiliser pour arriver plus vite au perfectionnement; le régime dotal, disons-nous, leur est trop
antipathique pour subsister encore. Déjà les mœurs
le repoussent, et, malgré les efforts de ses derniers
admirateurs, le régime dotal se meurt; l'œuvre de
M. Ginoulhiac est son chant du cygne, digne écho
de sa grandeur passée, et dernier adieu à l'avenir
qui lui échappe.

§ 2. *Du douaire.*

I. — On ne peut étudier la position de la Femme sous
le droit coutumier sans parler du *douaire*, qui y joue
un si grand rôle. Le douaire est une institution probablement toute germanique; le lendemain des noces,

l'époux faisait un présent à sa femme, et ce présent, appelé *morgengabe*, était le prix de sa virginité, *pretium defloratæ virginitatis*. Cet usage, attesté par plusieurs lois barbares, et souvent entouré par elles d'une faveur singulière (1), semble témoigner à la fois d'une charnelle sensualité chez les peuples du Nord et d'un sentiment délicat envers les femmes. La loi salique n'en parle pas; mais il est reconnu par les lois des Ripuaires, des Burgundes, des Lombards et des Anglo-Saxons. La loi des Lombards fixe la quotité de cette donation au quart des biens du mari (2), et l'habitude de donner à la femme le quart devint bientôt générale et fut l'origine du douaire coutumier, qui, comme le *morgengabe*, est le don du matin, et se caractérise par cet adage : *Au coucher, femme gagne son douaire*. Dans le principe, le *morgengabe*, ce *præmium virginitatis*, n'appartenait qu'à la vierge; la veuve en était exclue, excepté dans la coutume d'Altorf, qui l'autorise en sa faveur sous le nom d'*abendgabe*, don du soir.

Bientôt le *morgengabe* se constitua avant le mariage; dès ce moment son caractère fut changé, et il se transforma en douaire, stipulé par l'acte anténuptial. A ce moment il se rapproche beaucoup, dans son origine du moins, sinon quant à ses effets,

___

(1) *Ut si autem ipsa femina dixerit : Maritus meus mihi dedit morgangeba, computet quantum valet aut in auro aut in argento, aut in mancipiis, aut in equo duodecim solidos valente. Tunc liceat illi mulieri jurare per pectus suum, et dicat : Quod maritus meus mihi dedit in potestate, et ego possidere debeo.* Lex Alam., LVI, § 2.

(2) Luitprand, II, 1. — Lex Burgund., XLII, 2.

de l'oscle, *osculum,* en usage dans le Midi, et des donations *propter nuptias,* auxquelles il paraît emprunté. L'*oscle,* corruption d'une disposition romaine destinée à valider pour moitié la donation anté-nuptiale scellée par *un baiser,* lorsque l'un des époux mourait avant le mariage, tandis qu'elle se trouvait complètement infirmée si le *baiser* n'était pas intervenu (1); l'*oscle,* disons-nous, laissa des traces dans la jurisprudence jusqu'au xii° siècle, époque à laquelle les jurisconsultes y font encore renoncer la Femme qui s'engage, et il finit par devenir une forme du douaire.

Montesquieu semble avoir peu prisé les faveurs faites à la Femme dans le mariage; il les considère comme inutiles (2). Cependant elles furent d'un usage trop généralement répandu sous les législations mêmes de l'esprit le plus opposé pour qu'elles n'aient pas eu une puissante raison d'être. Sans doute le douaire, comme l'*oscle,* la donation *propter nuptias,* l'augment, est un témoignage irrécusable de l'importance acquise par la Femme et de la position favorable qui lui est faite dans la société; il est la preuve qu'on se préoccupe de sa personnalité, qu'on songe à assurer l'aisance de la mère et l'honorable indépendance de la veuve; mais, dans le temps et vis-

(1) Cod. Theod., III, tit. v, l. 8. — Contrat de mariage passé à Marseille. — Charte de l'an 1008. — Ginoulhiac, *Hist. du Régime dotal,* appendice, iv.

(2) « Comme les femmes, par leur état, sont assez portées au mariage, les gains que la loi leur donne sur les biens de leurs maris sont inutiles. » — *Esprit des Lois,* l. VII, ch. xv.

à-vis des institutions qui l'ont vu naître, n'est-il pas avant tout la nécessaire compensation des exclusions et des incapacités qui la frappent en si grand nombre?

II. — Dans le principe, et d'après la loi féodale, la Femme apporte en se mariant tout ce qu'elle doit posséder; les lois barbares, influencées peut-être par les idées romaines de la *manus*, le décident déjà ainsi, pour la plupart du moins (1). Il est donc important que ces biens, qui constituent tout son avoir possible, et qu'elle remet à son mari à titre de dot, soient pour elle la source d'une légitime compensation; les souvenirs du *morgengabe* unis à l'influence romaine auraient suffi pour amener le douaire, auquel l'Eglise prêta d'ailleurs tout son appui. Constitué en face de l'Eglise, il put être porté devant la juridiction ecclésiastique ou devant le juge laïc, au choix de la Femme (2), et plus tard la cause en fut mise au nombre des cas royaux (3). Le douaire fut, en un mot, l'objet des priviléges du moyen-âge comme du droit coutumier.

---

(1) *Si pater filiam suam, aut frater sororem suam legitimam alii ad uxorem dederit, in hoc sibi sit contenta de patris aut fratris substantia quantum ei pater aut frater in die nuptiarum dederit, et amplius non requirat.* Rotharis, I, 18.

(2) « Gentilfame peut plaidier son doëre en la cort, à celui en qui châtelrie sera, ou en la cort de sainte Eglise, et en est à son choix. » — *Etablissements*, I, ch. XVIII.

(3) « *Item* a le roy la prévention et la cognoissance des douaires aux dames ou damoiselles vefves appartenans, de les y tenir et garder, etc. » — Bouteiller, *Somme rurale*, liv. II, tit. II, p. 647. — Ginoulhiac, *Régime dotal*, 2ᵉ partie, ch. IV.

Il est souvent difficile de se rendre compte de l'influence qu'eut le droit romain sur la législation coutumière elle-même, parce que les noms et les usages dénaturent bien vite un principe et font d'une même institution deux institutions différentes ; mais le droit réel qui frappe d'inaliénabilité dans les mains du mari une partie de ses propres au profit du droit éventuel de la Femme, car ce droit s'ouvrant, la vente est révocable (1), n'a-t-il pas une ressemblance de famille avec cette donation *propter nuptias* qui imprime, elle aussi, le caractère de l'inaliénabilité à certains immeubles (2), et constitue, comme le douaire, une espèce de patrimoine spécial au mariage ? Du reste, le caractère particulier que le douaire doit à son origine germanique, fut d'être toujours une libéralité de l'époux, libéralité devenue, il est vrai, coutumière, c'est-à-dire imposée par la loi, mais qui ne se changea jamais en un avantage mutuel sur ce que j'appellerai le patrimoine du mariage.

Quand la Femme eut besoin d'être encouragée au mariage, que la richesse mobilière lui eut apporté une indépendance d'action jusqu'alors inconnue, on était bien près d'en venir à l'idée de Montesquieu ;

---

(1) « Si ne peut ni ne doit la dame perdre son douaire, ni le droit qu'elle y a, par vente ni transport que son mari fasse de ses fiefs ; ni possession ni prescription n'y vaut contre la dame ou damoiselle, que sitôt qu'elle s'en veut traire à la loy, qu'elle n'y soit reçue, et doive être mise au droit de son douaire, sauf tous droits. » — Bouteiller *Somme rurale*, tit. xcviii.

(2) Ginoulhiac, *Hist. du Régime dotal*, p. 108.

mais les vieux usages sont tenaces et durs à déraci-
ner. Depuis des siècles la Femme, en France comme
à Rome, édifiait sa personnalité et son indépendance
sur le sol qu'elle rendait immuable, et, quoique
l'œuvre fût achevée, quoique la Femme du xvii° siècle
repoussât dédaigneusement du pied cette pauvre
terre, base de sa grandeur et si longtemps sacrifiée
pour elle, le douaire subsistait toujours. Il fallut,
pour le détruire, que la révolution vînt l'ensevelir
dans la ruine générale. Aujourd'hui la Femme, dégagée des derniers langes de son enfance, doit mar-
cher sans priviléges dans la voie de l'égalité humaine. Elle est désormais assez libre et assez forte;
la loi n'a plus qu'à la protéger quand l'exercice de
ses droits se trouve suspendu, mais elle a cessé de
créer en sa faveur des droits exceptionnels.

§ 3. *Droits de la veuve, de la mère.*

La position de la veuve est constamment réglée
d'après l'esprit général de la législation. « Bien su-
« périeures en ce point aux lois romaines, les cou-
« tumes barbares se sont montrées pleines de dou-
« ceur et de libéralité, » dit M. Laboulaye, p. 146;
outre les avantages dont nous avons parlé, elles ont
assuré à la veuve une part dans le produit du travail
commun (1). C'est la grande idée apportée au vieux

(1) *Volumus ut uxores defunctorum, post obitum maritorum tertiam
partem contlaborationis quam simul in beneficio conlaboraverunt, ca-*

monde par la société nouvelle, et destinée à régénérer la condition de la Femme. Tout concourt, dans la Gaule, au développement énergique de la personnalité de la Femme : les mœurs barbares, le christianisme, les influences romaines elles-mêmes, s'unissent pour la privilégier.

Les lois de la conquête lui ont attribué d'abord le tiers ou la moitié des acquêts, et parfois une partie des autres biens de son mari, concurremment avec les enfants. L'usage de la communauté et l'influence du droit romain assurèrent vers le xiiiᵉ siècle la succession réciproque des époux à défaut d'héritiers (1). La veuve noble ne put d'abord succéder aux fiefs ni aux propres de son époux ; mais, en cas de survie, elle prit la moitié des acquêts et du mobilier en général : c'est un simple gain de survie, tel que, si elle meurt avant son mari, ses héritiers n'ont aucun droit. Elle succédait ainsi à une portion des biens de son mari, mais elle n'y avait de son vivant aucun droit de communauté (2); aussi le mari pouvait à son gré épuiser le mobilier, et la Femme pouvait renoncer à sa part comme tout héritier peut renoncer à une succes-

---

piant, et de his rebus quas is, qui illud beneficium habuit aliunde adduxit, vel comparavit, vel ei ab amicis suis collatum est, has volumus tam ad orphanos defunctorum quam ad uxores eorum pertinere. Capit. v, 295. — La loi des Ripuaires attribue aussi à la femme le tiers des acquêts : *Tertiam partem de omni re quam simul conlaboraverint.* Lex Rip., XXXVII, 2.

(1) Brodeau sur Louet. F. 22.

(2) « Les personnes conjoints par mariage ne sont communs en biens soit meubles ou conquêts immeubles, ains les femmes n'y ont rien qu'après la mort de leur mari. » — Coutume de Normandie, art. 389.

sion (1). Ce droit, spécial d'abord à la noblesse, fut ensuite étendu à la communauté.

Dans la noblesse, la mère fut longtemps écartée de la *garde* de ses enfants par la loi politique, tandis que, dans les rotures et les bourgeoisies, elle lui appartint de tout temps, mais avec le simple caractère de tutelle, à moins qu'elle n'ait le privilége de *garde bourgeoise*, qui lui permet de faire les fruits siens.

Le gain de survie accordé à la veuve sur les biens du mari se présente dans le midi de la France, avec le régime dotal, sous le nom d'*augment de dot ;* corrélatif avec la dot, il n'existe qu'à la condition de son existence : garanti par une hypothèque tacite, il est balancé par le *contre-augment,* ou gain du mari sur la dot. L'un et l'autre consistent, lorsqu'il y a des enfants, en l'usufruit d'une partie des biens de l'époux prédécédé ; ils peuvent être ou stipulés ou coutumiers. Enfin, dans certains des pays de droit civil, ils sont remplacés par d'autres gains de survie, tels que les droits de *bagues et joyaux*, que la Femme pouvait reprendre en nature ou suivant une estimation qui varie, avec la condition des époux, du dixième au cinquième de la dot (2). Cette revue des différents droits de la veuve confirme ce que nous avions déjà dit de l'universalité des priviléges accordés à la Femme à raison du mariage, priviléges qui eurent à la fois pour but et pour résultat de consolider la famille et de grandir la Femme.

(1) Grand Coutumier, f. 78 : « *Item* l'on dit communément que la femme noble a élection de prendre tous les meubles et payer toutes les dettes, ou de renoncer aux meubles pour être quitte des dettes. »

(2) Ginoulhiac, *Régime dotal*, p. 150 et suiv.

TROISIÈME PARTIE.

LA FEMME CONTEMPORAINE.

Il nous reste, pour compléter cette étude, à montrer comment le progrès que nous venons d'exposer a été sanctionné et appliqué par notre législation actuelle. Les développements que nous a paru mériter l'histoire de la condition de la Femme sous le droit ancien ne nous laissent que peu d'espace à consacrer à cet examen. Heureusement le progrès social a simplifié notre tâche en proclamant enfin pour les deux sexes l'égalité des droits et des devoirs dans la vie civile. Après des siècles de vicissitudes, la Femme a conquis le droit commun, son droit primitif et naturel tant qu'elle se trouve hors du mariage. Le mariage seul est resté aujourd'hui pour elle, comme à toutes les époques et chez toutes les nations du monde, une cause d'incapacités particulières. En acceptant la dignité d'épouse, elle abdique sa volonté, enchaîne sa liberté, renonce à son indépendance, car la loi lui impose envers son mari le triple devoir d'obéissance, de fidélité, de cohabitation. Mais comme, lorsqu'elle revêt dans la famille ce rôle d'épouse tel que la société l'a conçu et déterminé, c'est de son libre arbitre et plein consentement, on peut dire qu'en principe la Femme est civilement l'égale de l'homme. Ce résultat constitue le dernier terme du progrès de sa condition. S'il lui reste quelques améliorations à réaliser dans le mariage, relativement à sa personne ou à ses biens, le développement le plus sérieux de son intelligence, la portée plus élevée de son éducation les amèneront infailliblement. Elle n'a plus aujourd'hui qu'à se pénétrer de ses droits et de ses devoirs sociaux, à se faire intelligente et forte, sans cesser d'être femme, et son progrès moral aura atteint le niveau de son progrès matériel.

CHAPITRE UNIQUE.

LA FEMME MARIÉE.

— — —

SECTION I.

SA POSITION PERSONNELLE.

Notre loi civile ne soumet la Femme à des dispositions exceptionnelles que relativement au mariage.
Le chapitre vi du titre V, livre Iᵉʳ du Code Napoléon,
qui définit et règle la position respective des époux,
sera le principal objet de notre étude. Nous y trouverons inscrits, à côté de droits réciproques dont la
reconnaissance au profit de la Femme constitue certainement un des progrès les plus réels de sa condition, certains devoirs qui rompent l'égalité au profit
du mari, ou plutôt dans l'intérêt du mariage et de
la famille. Après avoir esquissé à grands traits ces devoirs tels que la doctrine et la jurisprudence les com-
prennent, nous indiquerons comment et dans quels
cas la Femme peut s'y soustraire par la séparation de
corps, et nous terminerons par l'exposé sommaire

des divers modes de conventions matrimoniales sous lesquels la Femme peut placer ses biens pendant le mariage.

§ 1. *Devoirs d'obéissance et de fidélité de la Femme mariée.*

C. N., art. 212 - 213 - 229 - 303
C. P., art. 337 - 324.

I. — Les art. 212 et 213 du Code Napoléon établissent au préjudice de la Femme une première exception à l'égalité des époux dans le mariage. A l'imitation de toutes les législations antérieures, nos lois ont dû reconnaître un chef à l'association conjugale, et dès lors soumettre à ce chef la volonté de la Femme.

Ce devoir d'obéissance de la Femme est plus qu'un devoir moral et religieux, il est civil, légal, car il résulte d'une formelle disposition de la loi (1). Il s'ensuit qu'il a pour sanction le droit du mari d'en appeler aux tribunaux pour vaincre la résistance de sa femme à sa volonté. La Femme trouve sa garantie la plus complète dans cette intervention du juge, qui ne forcera sa volonté à se plier qu'à ce qui sera conforme à la raison et à la justice. D'ailleurs, toutes les fois qu'il s'agira de la contraindre à faire ou à ne pas faire, la sanction légale de son devoir d'obéissance lui sera peu redoutable. La maxime *Nemo cogitur ad*

(1) Demolombe, IV, n° 82. — Locré, C. C., 2ᵉ partie. Exposé de motifs au Corps-Législatif par Portalis, n°ˢ 62 et suivants. — Toullier, II, n° 615.

factum, d'une part, la règle que la contrainte personnelle ne saurait être appliquée hors des cas spécifiés par la loi, de l'autre, ne lui laissent plus à redouter qu'une condamnation à des dommages-intérêts parfois illusoires.

Du reste, ce devoir d'obéissance est si bien d'ordre public, qu'il ne saurait y être porté atteinte par les conventions matrimoniales (art. 1388), et que, même en cas de séparation de biens, c'est entre les mains du mari que la femme devra verser sa part contributive aux besoins du ménage, sauf aux tribunaux à en ordonner autrement selon les circonstances (1).

II. — La fidélité est bien pour les époux un devoir réciproque; mais la loi a dû en faire à la Femme un précepte plus rigoureux et en punir plus sévèrement les infractions, parce que la pudeur et la chasteté, qui sont le plus bel apanage de la Femme, doivent être plus religieusement gardées par elle encore que par l'homme, et surtout parce que l'oubli de ses devoirs a des conséquences bien plus dangereuses pour la famille (2).

La loi établit, quant au devoir de fidélité, une double différence entre le mari et la femme. La première, c'est que la séparation de corps pourra être motivée par tout adultère de la Femme, sans distinction de lieu ni de circonstances (art. 229), tandis qu'elle ne le sera par l'adultère du mari que dans un seul cas déterminé par la loi (art. 230); la seconde, c'est que

---

(1) Cass., 6 mai 1835. — S., 1835, I, 415.
(2) Allemand, *Traité du Mariage*, II, p. 510. — Locré, loc. cit.

la Femme coupable d'adultère peut être frappée d'un
châtiment personnel (art. 308, P. 337), tandis que le
mari ne sera jamais passible que d'une amende, et
encore dans une circonstance unique seulement,
(P., art. 339).

L'infidélité de la Femme a donc été et devait être
traitée plus sévèrement que celle du mari ; la loi est
allée même jusqu'à maintenir contre elle cette ancienne jurisprudence qui absolvait le mari meurtrier
de son épouse surprise par lui en flagrant délit d'a-
dultère (P. 324). Mais malgré cette disposition, dernier vestige de mœurs farouches et violentes, et dont
le maintien dans nos lois est une véritable anomalie,
le progrès de la condition de la Femme est manifeste
en présence de la douceur de la peine qui punit son
infidélité, comparée aux rigueurs de la législation ancienne.

§ 2. *Du domicile de la Femme mariée.*

C. N., art. 108-214.

I. — De ce que la Femme doit obéissance à son mari
(art. 213), on pouvait naturellement conclure qu'elle
doit habiter avec lui et le suivre partout où il lui
plaira de se fixer. Mais comme c'est là une des plus
graves, sinon la plus sérieuse, des atteintes portées
par les nécessités du mariage à la liberté de la Femme,
le législateur a voulu être plus explicite. A deux re-
prises il a réitéré son précepte impératif et rivé la

l'emme au domicile conjugal. Et il n'en pouvait pas
être autrement ; car la vie commune seule constitue
la famille et rend possible l'éducation des enfants, et,
de plus, elle est la conséquence naturelle du principe
de l'obéissance de la Femme au mari (1). Examinons
quelle est pour la Femme l'étendue du devoir d'habiter avec son mari, et quelle peut en être la sanction.

II. — La Femme en se mariant perd son domicile ;
elle ne peut plus en avoir d'autre que celui de son
mari, avec lequel elle doit nécessairement habiter. Ce
précepte est tellement rigoureux, tellement absolu, que
ni les faits, ni même la volonté des époux, ne sauraient
y porter une atteinte légale. « La résidence distincte
« de la Femme mariée, disait le tribun Mouricault,
« ne peut être que l'effet d'une espèce de délit de sa
« part, ou d'une tolérance momentanée de la part de
« son mari... Le consentement même du mari ne
« peut lui conférer le droit d'avoir un autre domi-
« cile que le sien (2). » Ce devoir de cohabitation ainsi
posé doit être entendu en ce sens : que la Femme vi-
vra avec son mari de la vie commune, de la vie intime
qui doit résulter du mariage, et non pas comme vi-
vraient deux étrangers réunis sous le même toit (3).

De la double loi d'obéissance et de domicile imposée à la Femme mariée, il résulte que non seulement

---

(1) Locré, I, rapp. du trib. Mouricault, tit. *Du Domicile.* — Toullier,
I, n° 375. — Marcadé, art. 214.
(2) Locré, sup. — Allemand, II, n° 917.
(3) Cass., 20 janv. 1850. D. P., 50, 1, 60, argum. a contr.

elle est obligée d'habiter avec son mari, mais qu'elle doit le suivre partout où il ira résider (1).

Quoique les termes de la loi ne semblent renfermer aucune restriction à cet égard (art. 214), nous pensons pourtant qu'ils ne sauraient être appliqués que dans certaines limites. Les devoirs de secours, d'assistance, de protection, imposés au mari à l'égard de la Femme (art. 212-213), ne lui permettraient certainement pas de la forcer à une résidence nuisible à sa santé ou hostile à ses habitudes morales; et de semblables prétentions de sa part, obstinément réitérées, pourraient être mises par le juge au nombre de ces excès, sévices ou injures graves qui motivent la séparation de corps. Ce sont là du reste les tendances de la jurisprudence qui applique à la loi une interprétation sans cesse conforme au progrès social (2).

Les tribunaux ne pourraient pas sans doute, sans violer la loi, ordonner, par une disposition principale et absolue, qu'en dehors de la séparation de corps, une femme pourra vivre séparée de son mari; mais ils pourront toujours décider en fait que le mari n'offre pas à sa femme une habitation convenable, en rapport avec ses facultés et son état, comme il doit le faire (art. 214), et lui refuser en conséquence toute

(1) Le premier consul pense « que l'obligation où est la femme de suivre son mari est générale et absolue;... que l'obligation de la femme ne doit recevoir aucune modification, et que la femme est obligée de suivre son mari toutes les fois qu'il l'exige. » — Locré, IV, discuss. du projet présenté par M. Réal, art. 2, sect. 1, ch. v.

(2) Cass., 9 janv. 1826, rej. D. P., 26, 1, 121, sic. — Duranton, II, n° 457.

voie de contrainte pour forcer sa femme à le rejoindre, jusqu'à ce que les choses aient changé de face (1). Ainsi, la Femme ne sera pas toujours obligée de demander la séparation de corps ; dans certains cas, elle pourra être autorisée à rester éloignée de son mari, tant que certains faits subsisteront (2).

Non seulement la Femme doit habiter avec son mari, mais elle doit le suivre partout (art. 214), et à cet égard la jurisprudence n'a pas hésité, de même que la doctrine, à reconnaître qu'elle devra le suivre même en pays étranger (3). Cette décision est sans doute conforme au texte de la loi ; mais on ne saurait oublier que, dans le projet présenté par M. Réal (4), l'art. 214 avait un second alinéa qui disposait que *le mari qui voulait quitter le sol de la République ne pouvait contraindre sa femme à le suivre ;* alinéa retranché à la suite des observations du premier consul, qui, dans la crainte d'ouvrir une brèche à l'autorité du père de famille, porta jusqu'à ses plus extrêmes conséquences l'obligation déjà rigoureuse posée à la Femme. C'est aux tribunaux à veiller à ce que le mari ne transforme pas ses droits en un joug arbitraire et tyrannique, mais remplisse selon l'équité tous ses devoirs d'époux.

(1) Bruxelles, 11 mars 1807. D. A., 10, 124. — Colmar, 14 janv. 1812. D. A , 10, 126. — Paris, 5 oct. 1810. D. A., V° Mariage, n° 749. — Marcadé, II, 214, § 2. — Merlin, *Rép.*, V° Mariage. — Vazeille, II, n°s 296-299. — Demolombe, III, n°s 95-96.

(2) V. Dalloz, *Rép. alph.*, V° Mariage, n° 751.

(5) Toullier, II, n° 616. — Marcadé, ubi sup. — Duranton, II, n° 435. — Proudhon, I, p. 260.

(4) Locré, Code civil, t. IV, p. 393.

III — Quels voies et moyens le mari pourra-t-il employer pour contraindre sa femme à habiter avec lui et à le suivre? En d'autres termes, quelle est la sanction légale des dispositions de l'art. 214? La doctrine et la jurisprudence ont dû suppléer au silence de la loi restée muette à cet égard. On a d'abord généralement admis que, pour contraindre sa femme à réintégrer le domicile conjugal, le mari pouvait lui refuser tous secours pécuniaires et même faire saisir ses revenus (1). Cette décision, justifiée par la nécessité de donner une sanction à la loi, n'offrira pas de dangers pour la Femme, parce qu'elle sera toujours soumise au contrôle des tribunaux. Mais si la Femme persiste à se tenir éloignée, le mari pourra-t-il employer contre elle la coërcition personnelle, la *manus militaris?* Des auteurs et des arrêts nombreux ont consacré la solution affirmative (2). M. Zachariæ même et ses annotateurs sont allés jusqu'à émettre l'opinion qu'il suffisait que le mari demandât contre sa femme la contrainte personnelle pour que les tribunaux fussent tenus de la prononcer (3). Nous ne saurions suivre cette doctrine, qui nous paraît incompa-

(1) Vazeille, II, n° 291. — Delvincourt, t. IV, p. 531. — Zachariæ, t. III, § 471, note 5.

Paris, 22 prair. an XIII. D. A., 10, 120. — Toulouse, 24 août 1818, D. A., 10, 110. — Aix, 29 mars 1831. D. P., 33, 2, 66. — Paris, 14 mars 1834. D. P., 34, 2, 143. — Voir cependant contre cette opinion Duranton, II, n° 439. — Marcadé, art. 214, n° 2.

(2) Zachariæ, t. III, p. 319. — Vazeille, II, n°s 291-293. — Toullier. t. XIII, n° 109. — Marcadé, II, art. 214. — Cass., rej., 9 août 1826. D. P., 33, 2, 66. — Dijon, 25 juill. 1810. D. P., 40, 2, 224.

(3) Zachariæ, ubi supra, note 5.

tible avec la dignité de la mère de famille et les droits
généraux de la Femme, et nous croyons plutôt, avec
de graves autorités, que la Femme ne saurait en aucun cas être contrainte par la force à réintégrer le
domicile conjugal (1). Il nous semble d'abord que
le mariage est un contrat qui devra suivre les règles
ordinaires des contrats toutes les fois que la loi n'y
aura pas spécialement dérogé. Or, la règle, c'est
que *Nemo cogitur ad factum*, règle reproduite par
l'art. 1142 C. N. Le législateur n'a pas dérogé à cette
règle, puisque nulle part il n'a édicté de pénalité spéciale, et s'est refusé à soustraire sous ce rapport le
contrat du mariage aux principes généraux (2). La
solution de la difficulté est donc abandonnée aux tribunaux, qui ont à décider si, dans l'état actuel de notre civilisation et de nos mœurs, on pourra vaincre
aujourd'hui par la force matérielle la résistance de la
Femme à la cohabitation conjugale, comme en d'autres siècles on s'efforçait de briser par la torture
et les bûchers la révolte des esprits et des consciences !

---

(1) Delvincourt, t. I, p. 155. — Duranton, t. II, p. 155. — Allemand,
II, n° 925. — Cubain, *Droit des femmes*, n° 116. — Toulouse, 24 août
1818. S. V., 21, 2, 249. — Colmar, 10 juillet 1833. S. V., 34, 2, 127.
(2) Locré, Code civil, sur l'art. 214. Projet présenté au conseil d'Etat
par M. Réal, discussion.

§ 3. *De la séparation de corps.*

C. N., art. 230 - 231 - 232 - 302 - 305 - 307 - 311.
Pr. C., art. 875 à 880.

I. — Le droit de la Femme à une vie honnête, paisible et respectée est enfin sauvegardé par la faculté que lui accorde la loi de demander et d'obtenir, dans certains cas graves, la séparation de corps.

La loi du 20 septembre 1792 avait pour la première fois établi le divorce en France. Il fut aboli par la loi du 8 mai 1816, qui ne laissa subsister que la séparation de corps, voie primitivement prohibée par la loi de 1792 et ouverte de nouveau aux époux par le Code de 1803. La séparation de corps était admise par l'ancienne jurisprudence française en vertu d'une décrétale d'Innocent III, seul texte qui lui fût applicable (1).

Examinons rapidement quelle est la nature du secours que le Code Napoléon accorde à la Femme malheureuse.

II. — A part le consentement mutuel, les causes du divorce sont devenues celles de la séparation de corps (art. 307). La première est l'adultère, vis-à-vis duquel le droit de la Femme n'est point

(1) *Si tanta si viri sævitia, ut mulieri trepidanti non possit sufficiens securitas provideri, non solum non debet ei restitui, sed ab eo potius amoveri.* Ch. XIII, Ext. de rest. spol.

égal à celui du mari; car, tandis que, ainsi que
nous l'avons dit, ce dernier peut fonder sa demande
en séparation sur tout adultère de sa femme, quelles
qu'en soient les circonstances (art. 229), celle-ci ne
pourra s'en faire une arme que si son mari a souillé
le toit conjugal en en faisant l'asile d'une concubine
(art. 230). C'est là 'en effet le seul cas qui l'atteigne
d'une manière vraiment sensible; et d'ailleurs comment eût-on pu l'astreindre à rester fidèle au domicile conjugal, si ce domicile n'était pas respecté par
son mari? Et sur ce point du moins la doctrine
comme la jurisprudence lui donne pleine et entière satisfaction, en consacrant son droit absolu de
régner sans partage sous le toit commun. Tout adultère du mari, commis dans le domicile conjugal, est
considéré comme portant à la dignité et aux droits
de l'épouse une atteinte assez grave pour motiver la
séparation (1). Il semble pourtant qu'on ait reculé
devant toutes les conséquences de ce principe, et
plusieurs auteurs n'admettent pas comme suffisante
pour fournir à la Femme un motif de séparation,
l'infidélité accidentelle du mari, par lui perpétrée
sous le toit conjugal avec une femme qui ne s'y trouvait qu'exceptionnellement (2). Quelque peu équitable que nous paraisse ce résultat de la loi, qui, après
avoir déjà établi une différence, motivée sans doute,

---

(1) Zachariæ, t. III, p. 355, note 2. — Demolombe, IV, 572. — Allemand, n° 1358. — Rennes, 13 fév. 1817. Ropinel. — Cass., 26 juill.
1813. Montarchet.

(2) Duranton, II, n° 547. — Zachariæ, ubi supra. — Demolombe, IV,
n° 370.

mais bien profonde, entre le droit de la Femme et celui du mari, n'en permet l'exercice à l'épouse qu'à la suite d'un continu et habituel outrage, tandis qu'une faute unique la soumettra, elle, à de bien plus graves conséquences, ce résultat, disons-le, ne nous semble pas contestable en présence du texte, qui ne fait de l'adultère du mari un cas de séparation que lorsqu'il aura *tenu* sa concubine dans la maison conjugale (art. 230).

III. — Les excès, sévices ou injures graves sont encore une cause de séparation de corps (art. 231). Cette disposition protége la Femme contre toute violence physique ou morale. L'application éclairée, équitable, que les tribunaux sauront à chaque époque faire de ce texte aux faits qui leur seront soumis, en raison des mœurs sociales, de la position et de l'éducation des époux, lui offrira toujours une garantie suffisante (1). Elle n'aura qu'à veiller à ce que sa conduite ne motive pas les faits dont elle souffre, par une provocation ou une réciprocité d'outrages qui pourraient alors faire rejeter sa demande (2).

IV. — La Femme peut encore fonder une demande en séparation de corps sur la condamnation de son mari à une peine infamante, et c'est un droit réciproque (art. 232). A Rome, c'était déjà là un motif de divorce (3). La loi du 20 septembre 1792 avait admis aussi cette cause, et c'est à juste titre que notre lé-

(1) Allemand, II, n° 1570.
(2) Cass., 19 avril 1825, D. P., 25, 1, 275.
(3) L. 8, § 3, C. *De Repud.*

gislation l'a reproduite. Mais pourquoi exiger que la condamnation soit postérieure au mariage? S'il est est juste de délier la Femme de son devoir d'obéissance et de cohabitation vis-à-vis d'un époux qui, de l'honorabilité dont il jouissait au moment du mariage, est tombé depuis par le crime sous le coup de la loi; l'est-il moins de lui rendre cette liberté relative, lorsqu'elle vient à découvrir que l'homme dont elle a revêtu le nom et adopté la personnalité, croyant l'un et l'autre honorables, n'était qu'un criminel flétri par la justice? Ici, sa volonté a été faussée, sa religion surprise, sa vie brisée par un fait étranger, antérieur à son mariage; tandis que, dans le premier cas, c'est pendant le mariage, pendant l'intime union des époux qu'a surgi le crime atteint par la peine infamante; et si même alors la loi permet à la Femme de repousser la solidarité du mariage en rejetant tout entière sur la tête d'un seul l'expiation du crime perpétré dans la vie commune, n'est-il pas plus logique encore de lui accorder ce bénéfice lorsqu'elle a été trompée par un homme déjà coupable avant d'être son époux? Plusieurs auteurs cependant repoussent la séparation dans cette hypothèse (1); mais une école mieux inspirée l'admet, et nous dirons avec M. Demolombe que si l'on ne croit pas pouvoir accorder alors la séparation en vertu de l'art. 232, il y a là du moins une injure assez grave pour la motiver d'après l'art. 231 (2).

(1) Toullier, II, n° 673. — Vazeille, II, n° 663. — Zachariæ, III, p. 388, note 16. — Marcadé, art. 306. — Proudhon, *Des Personnes.* I, p. 491.

(2) Demolombe, IV, n° 392. — Duranton, II, n°s 861-862. — Dalloz aîné, t. II, p. 898, n° 18.

V. — Par suite de la séparation de corps, la Femme recouvre la faculté d'habiter, d'établir son domicile où bon lui semble (1); elle est déliée du droit d'obéissance quant à ses actes personnels; mais elle doit toujours à son mari la fidélité et l'assistance; elle rentre en possession de l'administration et de la jouissance de ses biens, car la séparation de corps entraîne celle des biens (art. 311); mais elle reste soumise à la nécessité de l'autorisation maritale pour tous les actes qui intéressent ces biens (art. 215-217). L'obligation de secours et assistance existe toujours, avons-nous dit, entre les époux séparés de corps, parce que le lien du mariage n'est pas rompu; il n'est que relâché : il en résulte que la Femme aura le droit de demander à son mari une pension alimentaire (2).

La femme qui s'est vue forcée de recourir à la douloureuse extrémité de la séparation de corps, pourra-t-elle conserver ses enfants, ou ceux-ci seront-ils enchaînés à la puissance paternelle? D'après l'article 302, c'est à l'époux qui a obtenu la séparation que les enfants devront être confiés; mais il peut en être autrement, et la règle à suivre par les tribunaux consiste avant tout à consulter l'intérêt des enfants (3). Du reste, la mère conserve toujours le droit

(1) Vazeille, II, n° 588. — Toullier, II, n° 775. — Demolombe, I, n° 558. — Marcadé, I, art. 108. — Taulier, I, p. 159. — Voir cependant en sens contraire : Merlin, Rép., v° Domicile, § 5, 1. — Zacharia, I, p. 280.

(2) Duranton, II, n° 655. — Toullier, II, 780. — Arrêt de Lyon. S. V., 56, 2, 239.

(3) Paris, 11 décemb. 1801. — Cass., 28 juin 1815. — Cass., 21 mai 1821.

de surveiller l'éducation de ses enfants concurremment avec leur père, comme elle reste assujettie au
devoir de subvenir à leurs besoins dans la proportion
de ses facultés (art. 313).

SES DROITS RÉELS.

Les droits naturels de la Femme sur ses biens sont
modifiés par le mariage et se trouvent dès lors régis
par une double loi; l'une qui est d'ordre public,
absolue, invariable : c'est l'autorisation maritale;
l'autre qui est un contrat tout privé et en revêt les
conventions multiples, qui deviennent dès le jour du
mariage la règle immuable des parties : c'est le contrat
de mariage.

L'amélioration progressive de la condition de la
Femme est peut-être de nos jours allée plus avant
pour ses droits réels que pour sa personnalité. Elle
peut choisir et débattre le régime qui gouvernera sa
fortune pendant le mariage; à ce moment elle est
libre de confier cette fortune à son mari, de devenir
son associée, ou retenant ses biens par devers elle, de
conserver à leur égard une indépendance complète.
Une seule obligation lui est imposée : celle de demander l'autorisation de son mari toutes les fois
qu'elle aura à ester en justice, ou qu'elle voudra faire
quelque acte qui intéresse gravement sa fortune. Il

est donc vrai de dire qu'aujourd'hui comme au temps de Rome et de la Gaule, le progrès a commencé pour la Femme par l'émancipation matérielle; la loi philosophique ne s'est point démentie.

§ 1. *Autorisation maritale.*

C. N., art. 215 à 220.

I. — Tandis que, dans les pays de droit écrit, l'autorisation du mari n'était nécessaire que relativement aux biens qui pouvaient intéresser ses droits et n'était point applicable aux paraphernaux (1), le Code Napoléon, empruntant les principes du droit coutumier, a fait de la nécessité de l'autorisation maritale une règle sans exception.

La Femme ne peut ester en jugement sans l'autorisation de son mari (art. 215). Cette disposition n'est point fondée, comme à Rome, sur la fragilité du sexe, *ob animi levitatem;* elle repose en partie sur l'autorité du mari, dont le législateur a voulu ainsi proclamer l'omnipotence ; mais surtout et avant tout elle est destinée à sauvegarder l'intérêt de la Femme et l'avenir de la famille (2); car, si elle ne devait être

____

(1) L. 9, §§ 2 et 3, D. *De Jure dot.* — L. 8, D. *De Pact.* conj — L. ult., D. *De Jure dot.* — Et sauf les dispositions du S. C. Velléien et celles de l'art. 9 de l'ordonn. de 1731, qui prohibait l'acceptation par la Femme de toute donation entre vifs, sans autorisation.
(2) Zachariæ, t. III, p. 323, note 5.

qu'un hommage rendu à la puissance maritale, la loi n'aurait édifié que pour détruire. L'art. 218, en effet, permet au juge de suppléer à l'autorisation du mari même contre sa volonté; voilà le prestige de l'autorité du mari bien réduit! De plus, les auteurs et la jurisprudence admettent que l'autorisation maritale doit être exigée dans le cas de séparation de corps (1); or, là, le principal lien qui constitue la puissance maritale, l'obligation du domicile, est brisé : pourquoi conserver au mari un tel pouvoir sur les biens lorsqu'il lui en reste si peu sur la personne, s'il n'y a pas à ce pouvoir une autre cause qu'un simple hommage à la puissance maritale?

Quoi qu'il en soit, la Femme mariée a besoin de l'autorisation de son mari toutes les fois qu'il lui faut ester en justice, qu'elle soit demanderesse, défenderesse ou intervenante (2). Une seule exception existe; elle est d'ordre public : il ne fallait pas qu'en cas de poursuites criminelles l'action de la justice pût être contrariée (art. 216).

II. — Non seulement la Femme mariée ne peut, sans une autorisation de son mari, soutenir un rôle quelconque en justice, mais, et c'est là que se trouve la véritable incapacité qui la frappe, elle ne peut hypothéquer, aliéner ni acquérir, à titre gratuit ou onéreux, sans le consentement ou le concours de son

(1) Duranton, II, n° 483. — Allemand, II, n° 952. — Berriat Saint-Prix, t. II, p. 782. — Cass., 6 mars 1827. D. P., 48, 1, 103. — Cass., 15 nov. 1844. D. P., 48, 1, 55.

(2) Marcadé, II, p. 257. — Valette sur Proudhon, t. I, p. 488, note a.

mari (art. 217), ou, à son refus, sans l'autorisation du juge (art. 219). L'incapacité qui la frappe est générale, quel que soit le régime qu'elle ait adopté par son contrat de mariage; elle subsiste, relativement à ses immeubles du moins, malgré la séparation de corps ou de biens (C. N., art. 1448, § 3, 1538, 1535, 1576). Nous ferons remarquer que la coutume de Paris était plus libérale envers la Femme que notre Code, qui, en reproduisant les dispositions restrictives de son art. 223, n'a pas reproduit l'exception admise par l'art. 234 envers la Femme *séparée par effet et marchande publique;* et c'est à tort, selon nous; car, puisque la Femme séparée de biens reprend la libre administration de sa fortune et peut aliéner son mobilier sans avoir besoin de l'autorisation de son mari, autorisation qui n'est exigée que pour les immeubles (art. 1449-1538), il faut au moins lui rendre dans l'administration et la gestion de cette fortune mobilière la plus entière liberté : c'est ce qu'ont pensé une grande partie des tribunaux qui sont résolument entrés dans cette voie (1), tandis que d'autres, renchérissant sur les restrictions de la loi, consacrent encore l'immixtion du mari presque jusque dans l'administration de sa femme séparée de corps et de biens (2).

Quoique l'autorisation du mari doive être surtout destinée à préserver les intérêts de la Femme, elle

(1) Riom, 10 mars 1813. — Colmar, 8 mars 1820. — Paris, 7 décembre 1821. — Id., 17 mai 1834.

(2) Paris, 1er juin 1821. — Nîmes, 4 juillet 1825. — Cass., 7 décembre 1830. — Id., 3 janvier 1831.

semble parfois n'être tout à fait plus qu'un hommage
au mari, comme par exemple lorsqu'il s'agit d'autoriser la femme qui s'engage solidairement avec son
mari, ou même uniquement dans son intérêt. Si le
mari peut dans ce cas autoriser sa femme, qui donc
la garantira de l'entraînement, de la pression morale
qu'il peut exercer sur elle? Cependant, dans le silence
de la loi, la validité de cette autorisation est généra-
ment admise (1); et on va même jusqu'à s'en contenter lorsqu'il s'agit pour la Femme de contracter
directement avec lui (2). Ne serait-il pas plus rationnel,
dans de telles circonstances, de ne pas laisser le mari
juge et partie dans sa propre cause, mais d'exiger
alors l'autorisation des tribunaux pour garantir plus
sûrement les intérêts de la Femme?

III. — Si la Femme mariée veut entreprendre un
commerce, de quelque nature qu'il soit, elle devra s'y
faire autoriser par son mari (Com., art. 5). La nécessité de cette autorisation est évidente si elle est commune en biens avec son mari, puisqu'en s'obligeant
à raison de son négoce, elle l'oblige également (C. N.
art. 220). Mais il faut reconnaître encore qu'elle sera
soumise à l'obligation de demander cette autorisation,
que du reste son mari peut lui donner expressément
ou tacitement (3), même en cas de séparation de

(1) Delvincourt, I, p. 135. — Vazeille, II, nos 306-334. — Dalloz,
Rép., v° Mariage, sect. 12, art. 2, § 2. — Allemand, II, n° 951. — Cass.,
13 déc. 1812. S., 13, 1, 143. — Colmar, 8 déc. 1812. S., 13, 2, 224.

(2) Delvincourt, I, 130. — Marcadé, art. 214. — Cubain, n° 152. —
Paris, 22 déc. 1830. D., 23, 2, 172.

(3) Toullier, II, n° 640. — Pardessus, n° 62. — Vazeille, II, 329. —

corps ou de biens. Dans l'hypothèse de séparation,
l'art. 1449 lui interdit l'aliénation de ses immeubles
sans autorisation; et d'un autre côté, l'art. 7 Com.
permettant à la Femme marchande publique d'aliéner
ses immeubles, ce ne pourra être qu'en vertu de
l'autorisation générale de faire le commerce qu'elle
aura préalablement obtenue de son mari.

Il appartiendra du moins aux tribunaux d'accorder
à la Femme l'autorisation de devenir commerçante,
si son mari est dans l'impossibilité de le faire ou s'il
refuse. Les dispositions de l'art. 219 C. N. n'ont
rien de restrictif et nous paraissent devoir être com-
binées avec l'art. 5 du Code de commerce. Il peut
y avoir pour la Femme tout autant d'importance et
d'aussi justes motifs à entreprendre un commerce qu'à
passer tel ou tel acte, et nous ne voyons pas de
raisons qui puissent l'empêcher d'obtenir des tribunaux, pour le premier cas, l'autorisation qu'elle est
fondée à leur demander dans le second pour suppléer
à l'impuissance ou au refus du mari (1).

Zachariæ, III, p. 338. — Cass., 27 mars 1832, rej. D. P., 32, 1, 168. —
id., 27 avril 1841, rej. D. P., 41, 1, 210.
(1) Paris, 21 décemb. 1841, D. P., 44, 2, 461. — Contra: Pardessus,
n° 63 — Marcadé, art. 220, 1.

§ 2. *Contrat de mariage.* — *Ses divers régimes.*

Tandis que sous le droit ancien la Femme, liée par son statut personnel aux règles de telle ou telle coutume ou aux institutions du droit romain, en voyait nécessairement les principes régir son patrimoine dans le mariage, aujourd'hui elle a, pour choisir entre eux et établir à son gré ses conventions matrimoniales, une liberté qui n'est limitée que par le respect dû aux mœurs, aux lois, à l'ordre public (C. N., art. 1387-1388-1389).

I. — Elle peut d'abord accepter le régime dotal tel qu'il se pratiquait à Rome, avec l'inaliénabilité du fonds dotal (art. 1554-1581), et les paraphernaux dont elle conserve l'administration et la jouissance (art. 1545-1575). Ou bien, si elle supprime l'inaliénabilité, essence du régime dotal (art. 1557), elle aura réalisé un progrès matériel, sans cesser de n'être dans le mariage qu'une créancière de son mari.

II. — Si, repoussant la dotalité, elle se marie sans communauté, elle conserve alors la nue-propriété de ses biens, dont son mari devient l'usufruitier universel. Toutes ses valeurs mobilières, choses fongibles, passent aux mains du mari ; et quant à ses immeubles, ils lui resteront propres, mais elle ne pourra les aliéner sans l'autorisation de son mari ou de la justice (C. N., art. 1530 à 1535).

III. — La Femme en se mariant peut encore conserver tous ses biens, les administrer et en jouir tout à la fois; elle n'aura rien de commun avec son mari, et ne sera tenue que de verser entre ses mains, pour contribuer aux charges du ménage, une part de ses revenus, fixée par le contrat ou par la loi (art. 1536-1537). C'est la séparation des biens et des intérêts plus complète encore que sous le régime dotal; c'est la Femme paraphernale de Rome sans la dot. Ce n'est donc pas une nouvelle conquête de la Femme; ce n'est pas même une émancipation complète, puisqu'elle ne peut sous ce régime, pas plus du reste que sous aucun autre, aliéner ses immeubles sans l'autorisation de son mari ou de la justice (art. 1538). Si la Femme y trouve plus d'indépendance et aussi moins de garanties que sous le régime dotal, le régime de la séparation de biens est au fond tout aussi hostile que le premier à la nature et à l'institution du mariage.

IV. — Enfin, si la Femme veut adopter le régime légal du Code Napoléon, héritage de notre ancien droit coutumier, elle entrera, quant à ses valeurs mobilières, en véritable société avec son époux (1401-1404). Alors elle partage avec lui l'accroissement de la fortune commune; comme lui elle est intéressée à la ménager et à l'augmenter. Cette forme de conventions est bien en principe le vrai complément de l'union conjugale; mais son organisation est loin d'être parfaite. Le pouvoir du mari sur les biens qui composent la communauté est étendu à ce point qu'il peut les aliéner, les dissiper sans contrôle (1421-1422). La Femme pourra sans doute, à la dissolution de la communauté, y renoncer pour reprendre ses biens propres, *sauf son apport mobilier* (1459-1492); mais elle ne risquera pas moins de se voir lésée par le fait de son mari, et la confusion des dettes peut aggraver encore sa position (art. 1409). Aussi ce régime, qui est pourtant le plus logique au fond, est-il peu adopté dans le mariage.

V.—Mais ces inconvénients peuvent disparaître par suite de la faculté qu'ont les époux de modifier à leur gré la communauté légale (art. 1497). Amélioré par des clauses inspirées par une pratique éclairée et prudente, ce régime doit finir par triompher dans nos mœurs, parce qu'il a pour principe l'association des biens, qui dans le mariage ne doit pas être séparée de celle des personnes.

Le progrès de la condition des femmes se manifeste à notre époque, non seulement par les équitables et libérales dispositions de la loi à leur égard, mais encore et surtout par le petit nombre des textes qui leur sont spéciaux. Chaque conquête de la femme dans le droit commun efface un chapitre du droit exceptionnel qui pesa trop longtemps sur elle. Nos lois ne distinguent plus la Femme qu'à l'occasion du mariage; et lors même que sa condition s'y améliorerait sous certains rapports, elle devra toujours, il faut le dire, subir la loi du mariage. Mais à mesure qu'elle perfectionnera sa personnalité au milieu et avec le concours du progrès social, cette loi, si dure d'abord, s'adoucira de plus en plus pour elle et finira par se perdre en d'imperceptibles nuances.

Nous n'avons point entendu faire, dans cette courte étude, un traité juridique des droits dont la réunion forme l'état social de la Femme. Si tel eût été notre but, nous aurions choisi l'un d'eux, dont l'exposé eût largement fourni matière à notre travail. Mais aujourd'hui le droit des femmes, éclairé par de patientes et habiles études, est connu dans son ensemble et sous son jour véritable ; nous avons pensé que le moment était venu d'y chercher l'évolution morale qui est au fond de toute institution humaine. Quand la certitude historique est acquise, l'action de la philosophie commence. Appuyés sur l'histoire du droit, nous pouvons chercher et suivre le progrès dans chacune de ses branches, et, sachant ce qu'il a été, prévoir ce qu'il doit être. C'est là ce que nous avons entrepris de faire pour la partie du droit qui se rattache aux femmes ; nous avons cherché à saisir dans les institutions ce fil mystérieux, souvent invisible, mais toujours continu, qui relie et rattache les uns aux autres les siècles les plus distants et les sociétés les plus diverses, et à en montrer la suite relativement à la Femme.

La marche du progrès, dans l'ensemble de l'humanité, est continue ; où il peut s'arrêter et même rétrograder, c'est dans chacune des parties qui constituent son ensemble, car c'est là qu'est la liberté de l'homme et que son libre arbitre influera sur ses destinées. Comme tout autre, le progrès de la condition des femmes, incessant en principe, est soumis aux stations que comporte l'action humaine ; mais s'il est dans l'histoire générale une période où la Femme occupe un rôle exceptionnel, c'est certainement celle qui commence à Rome pour se terminer à notre époque et se localise pour ainsi dire entre l'Italie et la Gaule. C'est celle que nous avons étudiée ; trois grands faits s'y distinguent : l'émancipation matérielle de la Femme à Rome ; son émancipation morale par le christianisme ; sa participation active aux vicissitudes de la vie chez les nations barbares qui succèdent aux destinées romaines. Du rapprochement et de la fusion de ces faits pendant une longue série de siècles est sortie enfin triomphante la condition de la femme moderne, assise sur une égale répartition de ses droits et de ses devoirs.

Fille, épouse et mère, la Femme, qui donne à l'homme la vie physique, l'enfante aussi à la vie intellectuelle et morale ; à elle il doit toutes ses nobles et grandes aspirations ; à elle tendent tous les sentiments qui font tressaillir son cœur. S'il est vrai de dire que les femmes sont ce que les hommes les font, à leur tour elles les façonnent à leur image ; et quand la Femme, en possession de sa pleine dignité, aura conquis, par la lutte et l'expérience, la saine intelligence de la vie, son action sera puissante sur le progrès social. De nos jours, trop récente affranchie, elle joue encore avec son indépendance qui l'étonne, elle n'a pas encore su prendre au sérieux son rôle nouveau qu'elle ne comprend pas bien ; habituée par les temps à n'occuper qu'une place inférieure dans les sociétés absorbées par leurs efforts contre le monde matériel, elle n'a point encore la perception claire de sa

mission divine, et elle gaspille en futilités la sponta-
néité d'intelligence et la délicatesse de sentiments
qui font sa suprématie dans le monde moral et l'ap-
pellent à y faire l'éducation de l'humanité. Mais les
temps ne sont peut-être pas loin où elle s'élèvera à la
hauteur de sa destinée, et alors on verra s'accomplir
le progrès moral, ce dernier perfectionnement des
sociétés.

QUESTIONS DE CONTROVERSE

POSÉES

CONFORMÉMENT A L'ARRÊTÉ MINISTÉRIEL DU 5 DÉCEMBRE 1850, ARTICLE 2.

DROIT ROMAIN.

I

En droit strict, le pouvoir marital, *manus*, pouvait être dissous pendant le mariage au moyen de l'émancipation.

Gai., I, § 113, 114, 118, 130. — D., liv. I, tit. VI. — Ortolan, *Inst.*, I, p. 217.

II

A l'époque où l'abandon noxal était encore pratiqué pour la fille de famille, le mari pouvait également abandonner, *causa noxali*, sa femme *in manu*.

Gai., IV, § 75, 79. — Inst., lib. IV, tit. VIII, § 7.

III

Sous la législation de Justinien, le père est forcé de doter sa fille même émancipée.

Novel. 118, C. — D., lib. XXII, tit. II, *de Ritu nupt*. — D., lib. XXIII, tit. III, *De Jure dotium*.

IV

L'action *rerum amotarum*, qui remplace entre époux l'action criminelle *furti*, est inconciliable avec les effets de la *manus*, et ne dut par conséquent pas exister tant que subsista cette dernière.

D., lib. XXV, tit. II, 1f. — L. 22, § 4, C. *De Furtis*.

V

En droit romain, le mari ne doit pas compte de l'emploi des paraphernaux qu'il a perçus du consentement tacite de sa femme.

L. 8, C. *De Pactis conv.* — L. 11, C. *De Pactis conv.*

DROIT FRANÇAIS.

VI

La Femme séparée de corps peut avoir un domicile distinct de celui de son mari.

Sic. — Vazeille, *Mariage*, II, n° 587. — Proudhon, *Etat des personnes*, I, p. 241. — Demolombe, I, n° 358. — Marcadé, I, art. 108.

Contra. — Merlin, *Rép.*, v° Domicile, § 5, t. — Zachariæ, I, p. 280, § 140.

VII

Le mariage ne peut pas être annulé pour erreur autre que celle sur la personne physique.

Sic. — C. N., art. 146, 180. — Jug. de Paris, 4 février 1858. — Arrêt de Paris, 4 février 1860. — D. P., 1860, I. — Zachariæ, III, p. 260, note 10.

Contra. — Duranton, II, n° 62. — Demolombe, III, n° 233.

VIII

La Femme séparée de biens, ou dont les biens sont paraphernaux, peut aliéner ses biens mobiliers sans l'autorisation de son mari ou de justice.

C. N., art. 1449, 1538, 1576.

Sic. — Troplong, *Contrat de mariage*, n° 3257 et s. — Marcadé.

Contra. — Allemand, *Mariage*, t. II, n° 635 et s. — Tessier, *Quest. sur la dot*, n° 122 et s. — Vazeille, *Mariage*, II, n° 320.

IX

L'action en reprise de la dot mobilière est inaliénable pendant le mariage.

Sic. — Cass., 14 octobre 1840, 1er décembre 1851, 20 août 1851, — Teissier, *Quest. sur la dot*, nos 58 et s.

Contra. — Troplong, *Contrat de mariage*, IV, nos 3220 et s., 3243 et s.

DROIT CRIMINEL.

X

Le pardon ou désistement du mari, donné alors que le jugement est définitif, profite néanmoins au complice de l'adultère de la Femme.

Sic. — Cass., 28 juin 1839. S. V., 59, 1, p. 700. — Chauveau et Hélie, IV, p. 278.

Contra. — Cass., 12 janvier 1827. S., 20, 1, 206. — Lyon, 12 juillet 1827. S., 2, 21, 181. — C. N., 8. — Legraverend, I, ch. 1, p. 47.

XI

Les dispositions de l'article 380 du Code pénal ne doivent plus être appliquées en cas de séparation de corps et de biens.

Cass., 9 juin 1840. S., 20, 1, 470. — D., lib. XXV, tit. 11. — L. 22, C. *De Furtis.*

DROIT PUBLIC.

XII

La naturalisation individuelle du mari entraîne celle de la Femme.

Sic. — Fœlix, *Droit intern.*, p. 60. — *Revue Étrangère*, t. X, p. 413-439.

Contra. — Demolombe, I, nos 175 et s.

12

XIII

La Femme étrangère, divorcée conformément à la loi de son pays, et dont le mari est vivant, peut se remarier en France avec un Français.

Sic. — Fœlix, *Droit international,* p. 53. — Paris, 13 juin 1814. S., 15, 2, 67. — Cass., 28 février 1860. — D., 1860, 1, 57.

Contra. — Paris, 28 mars 1843. S., 43, 2, 566. — Paris, 50 août 1824. S., 25, 2, 205.

DROIT COMMERCIAL.

XIV

La signature des femmes et filles non négociantes ou marchandes publiques, sur des lettres de change ou billets à ordre, ne les rend pas justiciables du tribunal de commerce.

Sic. — Delvincourt, II, p. 65. — Pardessus, n° 1310. — Nouguier, I, p. 437. — Bordeaux, 11 août 1820. S., 27, 2, 121. — Limoges, 16 février 1853. S., 53, 2, 277. — Riom, 14 avril 1840. S., 40, 2, 268.

Contra. — Merlin, *Rép.,* v° Lettre de change. — Dalloz, *Rép. alph.,* III, p. 524. — Cass., 26 juin 1839. S., 59, 1, 878. — Id., 50 janvier 1840, rej. S. V., 40, 1, 225.

Vu : Grenoble, 10 juin 1860.

Le Président de la Thèse.

Ph. JALABERT.

Vu : Grenoble, 10 juillet 1860.

Le Doyen de la Faculté.

Fréd. TAULIER.

Vu et permis d'imprimer.

Le Recteur de l'Académie.

Suffragants : MM. JALABERT, *Président.*
PÉRIER, *Professeur.*
GIDE,
GUEYMARD fils,
PICQUET-DAMESME,

TABLE DES MATIÈRES.

DEUXIÈME PARTIE.

LA FEMME FRANÇAISE.

CHAPITRE PREMIER.

LA FILLE DANS LA FAMILLE.

CHAPITRE II.

LA FEMME MARIÉE 109

TROISIÈME PARTIE.

LA FEMME CONTEMPORAINE.

CHAPITRE UNIQUE.

LA FEMME MARIÉE.

FIN DE LA TABLE.

www.ingramcontent.com/pod-product-compliance
Lightning Source LLC
Chambersburg PA
CBHW060602210326
41519CB00014B/3542